EL DERRUMBE DE PABLO ESCOBAR

 Planeta

EL DERRUMBE DE PABLO ESCOBAR

LAS ACTAS SECRETAS DE LA PERSECUCIÓN AL CAPO HACE 30 AÑOS

GENERAL (R)
ÓSCAR NARANJO

 Planeta

Obra editada en colaboración con Editorial Planeta – Colombia

© Óscar Naranjo, 2023

© 2023, Editorial Planeta Colombiana S. A. – Bogotá, Colombia

Derechos reservados

© 2024, Editorial Planeta Mexicana, S.A. de C.V.
Bajo el sello editorial PLANETA M.R.
Avenida Presidente Masarik núm. 111,
Piso 2, Polanco V Sección, Miguel Hidalgo
C.P. 11560, Ciudad de México
www.planetadelibros.com.mx

Primera edición impresa en Colombia: octubre de 2023
ISBN: 978-628-7665-37-8

Primera edición impresa en México: marzo de 2024
ISBN: 978-607-39-1112-2

Impreso en los talleres de Litográfica Ingramex, S.A. de C.V.
Centeno núm. 162-1, colonia Granjas Esmeralda, Ciudad de México
Impreso en México – *Printed in Mexico*

A los generales Jaime Ramírez Gómez y Valdemar Franklin Quintero, asesinados por las balas del narcotráfico y quienes, a lo largo de la historia, han sido ejemplo de integridad y valor policial.

ÍNDICE

Óscar Naranjo Trujillo, ampliamente conocido y apreciado por los colombianos por su incesante labor contra la delincuencia organizada, dista mucho de la figura que ordinariamente se tiene de un policía.

No solamente es un investigador nato, un conocedor profundo de la forma como actúan los delincuentes, un criminalista y criminólogo, un estudioso de las ciencias sociales, un analista de los hechos políticos, sino alguien en quien presidentes y ministros en los últimos cuarenta años han visto un consejero de primera línea, gracias a su personalidad tranquila y serena que se acerca mucho a la de un diplomático profesional. Nunca se altera, no alza la voz, y quien no lo conozca ampliamente no podría entender que detrás de esas buenas maneras está un curtido oficial, decidido, valiente, comprometido, sagaz, arriesgado, sin cuya acción difícilmente se hubieran desbaratado los grandes carteles de la droga que en algún momento pusieron en jaque al país.

Casi que el destino lo tenía señalado para ser policía, pues su padre, el general Francisco Naranjo, fue un director que dejó huella en la institución, y referente para muchos jóvenes que escogieron la carrera policial. Inicialmente, su hijo Óscar no era uno de ellos, pues comenzó estudiando Comunicación Social en la Universidad Javeriana, donde adquirió una formación teórica que mucho le serviría en su carrera policial. Sin embargo, un día el joven de pelo largo, con pinta de actor de cine y estudiante juicioso y contestatario, sorprendió a su padre al decirle que su verdadera vocación era la de ser policía y que entraría a la Escuela General Santander.

Ser hijo del director no le significó privilegios. Se destacó desde estudiante por su inteligencia, disciplina y compromiso. Muy pronto sus superiores vieron en él el prospecto del gran investigador que llegaría a ser, y le encomendaron desde entonces delicadas labores de inteligencia para identificar y capturar a delincuentes. Podría decirse que fue un precoz oficial que desde muy temprano se ganó la confianza de los altos mandos.

Siendo procurador general de la nación, en 1989, tuve la fortuna de conocerlo como "capitán antiguo", como se dice en el argot policial. Estábamos en plena lucha contra el narcoterrorismo, y los jueces –al igual que buena parte del país– se sentían intimidados por la "dupleta" Rodríguez Gacha-Pablo Escobar, empeñados ya no solo en consolidar su emporio criminal, sino en tumbar a toda costa el tratado de extradición con los Estados Unidos.

El director de la Policía, el loriquero Miguel Antonio Gómez Padilla, un joven brigadier general que gozaba de la plena confianza del presidente Virgilio Barco, me pidió que recibiera al ya conocido capitán, quien me llevaría una información completa sobre el organigrama del cartel de Medellín. Me explicó que era necesario actuar inmediatamente, pero que los jueces de instrucción de la época no se atrevían a autorizar unos allanamientos. Quedé plenamente convencido de la seriedad de lo que el capitán Naranjo me advertía, y logré finalmente que un juez de instrucción autorizara más de cien allanamientos, con cuyos resultados comenzó a penetrarse la estructura del poderoso cartel.

Ya este oficial, con el soporte del director general, era el "hombre de la inteligencia" contra los carteles de la droga. Desde ahí pude seguir su fulgurante carrera hasta su merecido y precoz ascenso a la Dirección General de la Policía. Sin proponérselo, pues no es un hombre que atropelle, los presidentes y ministros de Defensa lo consultaban más a él –como mayor o coronel– que a sus propios jefes a quienes él, desde luego, siempre respetó.

Desde entonces, también tuvo el apoyo de los organismos internacionales de inteligencia, bien fueran de Estados Unidos, el Reino Unido o de España. Desde Virgilio Barco hasta Juan Manuel Santos, los presidentes, claro está con la anuencia de sus jefes en la Policía, como el propio Gómez Padilla o Rosso José Serrano, quien lo nombró primer director de la Dirección de Inteligencia, Dipol, lo tuvieron como asesor, consejero, aliado y escudero en la lucha contra la gran delincuencia derivada del narcotráfico, la guerrilla o los paramilitares.

Sin ser un actor político, se mueve como pez en el agua en los vericuetos de la política, y conservando las distancias atinentes a su actividad policial, ha sido contertulio de congresistas, ministros, gobernadores, alcaldes, profesores universitarios, autoridades extranjeras, directores de medios y periodistas. Conserva la discreción propia de quien como director de inteligencia conoce muchos de los secretos mejor guardados del país.

Por todas esas razones, en buena parte, cuando el vicepresidente titular, Germán Vargas Lleras, tuvo que retirarse –por audaz jugada constitucional de sus contradictores políticos– para aspirar a la Presidencia, el presidente Juan Manuel Santos le hizo el "guiño" al Congreso para que lo designara como vicepresidente en el último tramo de su mandato. No fue difícil que, a pesar de no haber tenido militancia anterior al Partido de la U –que había sido fundado por Santos en homenaje a Álvaro Uribe– lo avalara, ya que por mandato constitucional el vicepresidente debe pertenecer al mismo partido del jefe de Estado.

Cumplió decisivo papel en los acuerdos de La Habana, que permitieron la desmovilización del grueso de guerrilleros de las Farc, y fue designado, además, ministro consejero para el manejo del posconflicto.

Ha demostrado ser un cronista y escritor en relación con episodios decisivos del acontecer nacional. Este libro, *El derrumbe de Pablo Escobar*, es un ejemplo claro, pues en limpia prosa se muestra como historiador, cronista, pero también protagonista de una accidentada época de la vida nacional. El libro va más allá del título, pues aparte de describir con detalles los días finales del capo, se adentra en el surgimiento mismo de los carteles y de la lucha de arriesgados colombianos para combatirlos; entre ellos se destaca en primerísimo lugar el autor, muchos policías, militares, soldados y funcionarios.

Son apasionantes –al estilo de las mejores novelas policiacas– las descripciones sobre la manera como avezados investigadores fueron cercando a Escobar después de su vergonzosa "fuga" de la "cárcel" de La Catedral, con paciencia y audacia, y afrontando el desespero e injustificadas críticas de la sociedad y de los políticos que pedían prontos resultados; afectándole poco a poco su círculo de aliados y guardaespaldas; utilizando sofisticados métodos –como conseguir que el gobierno alemán devolviera a sus familiares para llevar a Escobar al desespero– hasta triangular sus angustiosas llamadas para que las autoridades pudieran localizarlo prácticamente solo, pero armado, en su última casa escondite, y acabar con su azarosa vida criminal huyendo y en un tejado, ese 2 de diciembre de 1993, cuando cumplía 44 años.

Esta última vez, el mayor narcotraficante del mundo que había amasado inmensas fortunas; evadido tantos cercos;

asesinado a tantos policías, jueces, periodistas y ciudadanos humildes; corrompido a tantos funcionarios, no pudo escapar a la paciente labor de unos policías que, sin tener las avanzadas tecnologías de hoy, pudieron abatirlo dándole respiro a un país agobiado por todos los crímenes que este delincuente cometió.

El autor, frente a este último y feliz episodio, desbarata algunas de las consejas urdidas, como la de que habían sido autoridades extranjeras, la DEA en particular, las autoras de este golpe final. Y para un país que no quiere tener memoria, el general Naranjo reivindica el papel de varios oficiales, suboficiales y agentes, que poniendo en riesgo su vida y la de sus familias, participaron no solamente en la persecución final al capo sino en el desvertebramiento del tenebroso cartel de Medellín, entre otros: los generales Miguel Antonio Gómez Padilla y Rosso José Serrano; los coroneles Jaime Ramírez Gómez –el aliado del inolvidable ministro Rodrigo Lara Bonilla en el desmantelamiento de "Tranquilandia"–, Valdemar Franklin Quintero, Hugo Martínez Poveda y su hijo, el capitán Martínez y también mujeres inteligentísimas y valientes como la coronel María Emma Caro.

Me llamó mucho la atención la "caracterización" que tuvo que hacer el mayor Naranjo –con el nombre de Francisco Rodríguez– armando una oficina de fachada en residencias Tequendama, como un ejecutivo de una empresa de productos tecnológicos, y moviéndose en un taxi como miembro del cuerpo especial armado –distinto al Bloque de Búsqueda– para poder detectar los movimientos de Escobar, sus secuaces y su entorno familiar.

Con mucho tino maneja el autor el papel de los Pepes –grupo criminal de los enemigos de Escobar a quienes ya mataba y extorsionaba después de haber sido sus aliados– en el operativo de persecución final. Si bien descarta que fueran auspiciados por el gobierno, no niega que algunos de los miembros del Bloque de

Búsqueda recibieron y utilizaron información de delincuentes del cartel de Cali y de paramilitares, como los hermanos Castaño Gil y Don Berna. El Estado siempre rechazó los asesinatos y ataques de los Pepes contra Escobar, sus aliados o su familia.

Sin embargo, esa alianza, que en la práctica se produjo también con la participación de funcionarios del DAS, fue contraproducente, pues corrompió sectores importantes de la Policía, e incluso oficiales de menor rango que hasta entonces habían actuado dentro de la Constitución y la ley.

Pero el libro aborda otros episodios en la lucha contra las organizaciones criminales asociadas al narcotráfico. Es bien conocido que, bajo la dirección del general Rosso José Serrano, el entonces mayor Naranjo participó también con la inteligencia en la captura de los capos no solo del cartel de Cali –particularmente los hermanos Rodríguez Orejuela, Chepe Santacruz y otros– sino también del temido cartel del Norte del Valle.

Siempre Naranjo fue llamado en situaciones de crisis, una de ellas, la recaptura de Escobar después de la fuga del 22 de julio de 1992. Él no lo aborda, pero ese hecho arrancó por lo que fue la llamada política de sometimiento del gobierno de la época, que ciertamente terminó con la "entrega" de Pablo Escobar, con las condiciones que él impuso: su no extradición; la construcción de una "cárcel" en terrenos de sus aliados; el veto a la Policía, pues exigió que solo lo custodiara el Ejército; la selección por él mismo del personal de "custodia" y que lo recibiera el propio procurador general de la nación.

Después vino a saberse que La Catedral no era una cárcel sino el centro de operaciones del poderoso narcotraficante, donde recibía a sus amigotes, populares futbolistas, organizaba "francachelas", llamaba a cuentas a sus secuaces y hasta los mataba y desaparecía sus cadáveres en el mismo sitio, como a los socios Moncada y Galeano.

Cuando el fiscal Gustavo de Greiff se enteró de lo que pasaba puso el grito en el cielo y el gobierno anunció su traslado... Escobar salió cuando quiso. Nadie respondió políticamente ni por lo que allí se permitió ni por la propia fuga. Solo se condenó a un puñado de militares por haberle recibido sobras al capo. Ya cuando no había nada que hacer, el gobierno anunció medidas para proteger la cárcel, lo que originó la cínica frase del jefe del clan Ochoa: "Después de conejo ido para que palos al nido".

Es en ese momento cuando Naranjo recibe la orden de volver al país para asumir la Secretaría Técnica del recién creado Comando Especial Conjunto, el cuerpo especial que se puso al frente del operativo de "recaptura", que él cuenta literariamente en este libro y que termina ese 2 de diciembre de 1993 con la muerte de Escobar.

Pero después de la lectura del libro es inevitable –como lo sugiere el general Naranjo en el Epílogo– preguntarse qué pasó antes y qué ha pasado después.

Lo que pasó antes tiene que ver básicamente con la extradición. En 1979, bajo el gobierno de Turbay, se firmó el tratado de extradición con los Estados Unidos. El Congreso lo aprobó sin discusión, pero solo cuando comenzaron las primeras solicitudes de extradición reaccionaron los capos. Inicialmente, trataron de tumbar el tratado ante la Corte Suprema, que no cedió. El presidente Betancur se negó en un principio a extraditar nacionales alegando razones de soberanía. Escobar y sus secuaces, el 30 de abril de 1984, mataron al joven y aguerrido ministro Rodrigo Lara Bonilla. El presidente, desafiado, en las exequias de su ministro en Neiva, anunció que comenzaba la extradición.

Los narcos salieron despavoridos para Panamá. Allá se reunieron con el procurador general, Carlos Jiménez, mandado por Betancur y con la presencia del expresidente López Michelsen, quien se encontraba allí con fines distintos. En Panamá ofrecieron su rendición total con la única condición de que no los extraditaran. Se filtró la noticia y el gobierno negó la negociación.

Surgió el llamado movimiento de Los Extraditables con el lema "Preferimos una tumba en Colombia, a una cárcel en Estados Unidos". El M-19 se tomó violentamente el Palacio de Justicia el 6 de noviembre de 1985, con las consecuencias conocidas y entre sus exigencias estaba la de acabar con la extradición. Los magistrados que llegaron después, en buena parte intimidados, tumbaron el tratado.

El presidente Barco no cedió y comenzó a aplicar la extradición con un decreto de estado de sitio. Los narcos iniciaron su campaña terrorista para tumbar el tratado: aparte de policías, soldados, periodistas, jueces y magistrados, mataron a Guillermo Cano, Carlos Mauro Hoyos, Luis Carlos Galán y Enrique Low Murtra; y atentaron contra Enrique Parejo en Budapest.

En 1989, Virgilio Barco prefirió hundir un buen proyecto de reforma constitucional –que tenía el ochenta por ciento de lo que luego se aprobaría en la Constituyente–, antes que ceder ante los narcos que metieron un mico en la comisión primera de la Cámara de Representantes para que se convocara a un referendo sobre la extradición.

Pablo Escobar cometió sus últimos secuestros extorsivos: Francisco Santos, Maruja Pachón, Azucena Liévano y Marina Montoya, hermana de Germán Montoya, secretario general de la Presidencia, a quien asesinaron.

Y la cruel y gran ironía: la Constituyente, cuyo proceso de expedición comenzó por el asesinato de Galán, terminó cediendo y suspendió la extradición nada menos que vía constitucional. Pablo Escobar se "entregó" cuando le llevaron el texto del artículo 35 de la nueva Constitución, como narra Gabriel García Márquez en su libro *Noticia de un secuestro*.

Como se desprende de este libro, Colombia ha hecho todo en la llamada guerra contra las drogas: aumentó las penas de manera exponencial, estableció transitoriamente jueces y testigos sin rostro, ha extraditado a miles de colombianos, cambió la Constitución dos veces, una para prohibir la extradición y otra para restablecerla.

Y como se sugiere en el Epílogo, el narcotráfico sigue ahí como combustible de todas las guerras, los capos se reproducen, la corrupción asociada al tráfico de estupefacientes no desaparece, el dinero corre en campañas políticas, el terrorismo continúa.

Esta reveladora obra del general Naranjo, aparte de describir toda una época, y demostrar que en medio de todo Colombia ha tenido policías, políticos y funcionarios honrados que no cedieron, arroja una serie de interrogantes sobre nuestro presente y el inmediato futuro.

Quedan algunos interrogantes:

¿Para qué tantas muertes por cuenta de la extradición si los narcotraficantes cambiaron de lema y ahora prefieren una negociación fuera del país que una cárcel en Colombia?

¿Si la Constituyente abolió la extradición, nos hubiéramos podido ahorrar tantas muertes si a Belisario se le hubiera permitido abolirla desde 1984?

¿Es válido cambiar permanentemente la ley y aun la Constitución, como en 1991, para apaciguar a terroristas que intimidan y someten a la población?

¿Qué hacer finalmente con el problema de las drogas si las fórmulas hasta ahora ensayadas han fracasado?

Indudablemente que con este trabajo editorial el valiente general Naranjo aporta elementos para el conocimiento de nuestra historia reciente y para reflexionar sobre nuestro futuro como nación.

Alfonso Gómez Méndez

Un liderazgo ejemplar

La lucha contra el poder criminal de Pablo Escobar involucró a verdaderos héroes de la Policía.

Lo primero que señalaría es que el asesinato del coronel Jaime Ramírez Gómez marcó una senda que muchos quisimos imitar porque de lo que se trataba era de no claudicar frente al poder mafioso de los carteles del narcotráfico, que en los años 1980 pretendieron arrodillar al Estado.

El coronel Ramírez fue el primer alto oficial sacrificado como resultado de los primeros golpes estructurales que le propinó al narcotráfico. En su condición de director de Antinarcóticos de la Policía dirigió la famosa Operación Tranquilandia, probablemente la acción más compleja, con los mayores resultados en la historia de la lucha contra el tráfico de drogas; no solamente en Colombia sino en el mundo. En efecto, el 10 de marzo de 1984 fueron descubiertos allí siete sofisticados laboratorios y cinco pistas clandestinas de aterrizaje, capturadas 44 personas, decomisadas tres toneladas de cocaína listas para exportar, quince toneladas de base de coca, e incautadas tres avionetas y un helicóptero.

Tranquilandia era un complejo coquero situado en los llanos del Yarí, una extensa zona selvática de 360 mil hectáreas entre la serranía de la Macarena, en el Meta, y el Parque Nacional

Natural de Chiribiquete, en Guaviare. A ese recóndito lugar llegaron fuerzas especiales de la Policía y agentes encubiertos de la DEA –agencia antidrogas de Estados Unidos–, que habían seguido el rastro de 76 barriles de éter desde Chicago, Illinois. Las investigaciones indicaban que detrás de ese emporio coquero estaban los principales capos del cartel de Medellín: Pablo Escobar; Gonzalo Rodríguez Gacha, el Mexicano; y Carlos Lehder.

Los mafiosos no perdonaron la afrenta y dos años largos después, el 17 de noviembre de 1986, asesinaron al coronel Ramírez Gómez.

Tres años más tarde habría de ocurrir la muerte de otro héroe, el valeroso coronel Valdemar Franklin Quintero, comandante de la Policía de Antioquia, con quien tuve la oportunidad de trabajar por corto tiempo en la Dijín recién me gradué. Era un oficial con un temperamento recio, comprometido como pocos con su oficio, un verdadero líder entre los grupos especiales de la Policía empeñados en combatir a las mafias.

Su muerte en Medellín el 18 de agosto de 1989, justamente el día en que Pablo Escobar ordenó también el magnicidio del candidato presidencial Luis Carlos Galán Sarmiento, significó un golpe muy fuerte para la institución y por momentos dio la impresión de que el país se hundía en manos de los carteles de la droga.

En medio de ese escenario tan desalentador apareció una figura descollante en la Policía. Alguien que parecía estar preparado para enfrentar el reto. Me refiero al coronel Hugo Martínez Poveda, un oficial que desde su ingreso a la institución se destacó por ocupar los primeros puestos de su curso. Mientras avanzaba en los distintos grados de su carrera dio muestras claras de su formación integral porque desempeñó cargos en áreas operativas y administrativas y en todos lo hizo con solvencia. Era un verdadero estratega donde se lo pusiera. Cuando ascendió al grado de teniente coronel fue designado jefe de la Seccional de Policía Judicial de Bogotá, Sijín, donde produjo resultados muy valiosos en la lucha contra la delincuencia en la capital del país.

El Cuerpo Élite

Para enfrentar el desafío criminal, en abril de 1989 el gobierno del presidente Virgilio Barco decidió crear un grupo especial no integrado exclusivamente por la Dijín sino por otras capacidades de la Policía. Así nació el Cuerpo Especial Armado, CEA, una unidad élite destinada a combatir las estructuras narcoparamilitares que se habían organizado con epicentro en el Magdalena Medio por instrucciones de Pablo Escobar, pero con un papel muy comprometido en su funcionamiento de Gonzalo Rodríguez Gacha, el Mexicano. Los narcotraficantes tenían la pretensión de ejercer control territorial en las áreas donde se procesaba y fabricaba la cocaína a gran escala.

Más adelante se introdujo un nuevo componente institucional en aras de derrotar al cartel de Medellín. Se trataba de combinar capacidades bajo el modelo del Bloque de Búsqueda, es decir, una organización que, con mando centralizado y con participación de distintas especialidades de la Policía, se ocupara de las tareas de búsqueda, localización y captura del capo. El alto mando tuvo el acierto de nombrar primer comandante de ese Bloque al teniente coronel Hugo Martínez Poveda, lo que significó que en la práctica él quedara funcionalmente al mando del CEA.

El nombre de Martínez Poveda generaba confianza en todas las instancias de la Policía y, en particular, quienes trabajaban en inteligencia o en la Policía Judicial se sentían confiados en su

23

liderazgo. Ese sentimiento no se circunscribía únicamente a la institución. También a nuestros aliados más importantes: las principales agencias estadounidenses como la DEA, la CIA, el ICE y el FBI. Era un oficial que irradiaba una enorme credibilidad.

Me llamaba la atención su carisma, siendo alguien tan serio. Era respetuoso, en general distante, pero sin duda alguna transmitía un sentido de autoridad muy grande. Su credibilidad nacía del hecho de que decía lo que pensaba. No era diplomático en tratar de dar vueltas o enmascarar los asuntos, sino que era claro y directo. Esa era realmente su fortaleza.

Estoy seguro de que él comprendió el desafío que significaba estar al frente de una tarea tan difícil, pero no debió imaginar que duraría tantos años. Y tampoco debió calcular que ese reto significaría que su familia terminara amenazada tan directamente por Pablo Escobar. Digo esto porque hasta ese momento, en la lucha contra el delito en Colombia, parecía haber una especie de pacto tácito entre el crimen organizado y la institución para que las familias no resultaran comprometidas.

Por eso resultó tan reprochable, perverso, y en todo caso inaceptable, que Escobar no solamente ordenara el exterminio de policías, por cuyo asesinato pagaba entre 500 y 2.000 dólares, sino que además amenazara sistemáticamente a la familia del oficial que comandaba el Cuerpo Élite que lo perseguía. Si se examina la lucha contra las mafias, el jefe del cartel de Medellín rompió esa tradición –si se puede llamar así– y convirtió al coronel Martínez Poveda en la primera víctima de esa vulneración. Recuerdo, y está bastante detallado en la historia de la lucha contra Pablo Escobar, de qué manera lo afectaron las cartas intimidatorias que enviaba y las llamadas que el capo hacía personalmente donde amenazaba al coronel y a su entorno familiar.

Un año después, en agosto de 1990, el coronel Martínez fue enviado en comisión diplomática a Madrid, España. En los siguientes veinte meses recuperó la tranquilidad perdida y disfrutó de su familia a plenitud y debió regresar a Colombia en abril de 1992. Tras la fuga de Escobar en julio de ese año, fue llamado nuevamente a asumir la conducción del ahora llamado Bloque de Búsqueda que dio inicio a la cacería final del narcotraficante.

Recuerdo que, en mi condición de secretario técnico del Comando Especial Conjunto, sostuve numerosas conversaciones con el coronel Martínez Poveda, la mayor parte de ellas en la oficina de fachada del Hotel Tequendama en Bogotá. Unas pocas veces fui a verlo a la Escuela Carlos Holguín de Medellín, cuando surgía información de inteligencia que solo podía compartir con él personalmente.

La verdad, él no se sintió cómodo en los primeros meses de funcionamiento del Comando Especial Conjunto. Me preguntaba qué era lo que pasaba con ese organismo, al que veía como una doble instancia institucional. Le parecía que, tal como había sido diseñado por el ministro de Defensa, Rafael Pardo, el cuerpo especial que perseguía a Pablo Escobar no llenaba las expectativas que el gobierno se había planteado cuando lo puso en marcha y me preguntaba con frecuencia: ¿qué es lo que hacen ustedes? ¿Qué es lo que hace ese Comando Especial Conjunto?

Su escepticismo era comprensible porque su único afán era ejecutar acciones más concretas y que la persecución del capo lo tuviera en cuenta a él en todo momento como responsable de la operación de rastreo, búsqueda y localización, especialmente en Medellín y Antioquia.

Recuerdo igualmente su ansiedad, pero al mismo tiempo su gran fortaleza cuando comentábamos las amenazas de las que era víctima. Expresaba su gran preocupación por su familia, por su esposa, por la necesidad de cazar cuanto antes a Escobar. Me decía: "Naranjo, la institución tiene que hacer esfuerzos para proteger a mi familia".

En ese sentido, los mandos de la Policía, encabezados por los generales Miguel Antonio Gómez Padilla y Octavio Vargas Silva, fueron absolutamente solidarios y ordenaron los esquemas de protección que se requerían. El coronel Martínez no ocultaba su angustia por el sacrificio que tenía que hacer su familia, que se veía totalmente limitada en sus movimientos, de alguna manera secuestrada, bajo una protección que terminaba por perturbar el funcionamiento de un hogar normal.

Las conversaciones con él también giraron varias veces alrededor de sus inquietudes por la cooperación internacional, especialmente la de Estados Unidos. Me decía que uno de los obstáculos para perseguir a Escobar tenía que ver con la competencia que percibía entre la DEA y otras agencias estadounidenses, que le resultaban tremendamente difíciles de manejar. En las operaciones que se desarrollaban en Medellín, decía, era evidente el protagonismo de la DEA en la embajada en Colombia y en particular de Joe Toft, responsable de esa estación en Bogotá. El coronel Martínez entendía perfectamente lo que sucedía, pero le parecía que los celos entre las agencias lo ponían con frecuencia en dificultades.

Y, por otro lado, recuerdo sus preocupaciones con los temas de contrainteligencia. El coronel Martínez era un oficial impecable que no cerró los ojos frente a los problemas de corrupción que se podían dar en entornos de la Policía, bien en el propio Bloque de Búsqueda, pero también en unidades cercanas, como la Policía de Antioquia, y las policías metropolitanas de Medellín y Cundinamarca. Esta última representaba en ese momento un gran problema, dado que Gonzalo Rodríguez, el Mexicano, el socio principal de Escobar, había sobornado en el pasado a distintos oficiales y a personal de la institución en ese departamento para moverse a sus anchas.

Él era perspicaz y alérgico a todo lo que significara corrupción y, por eso, exigía y reclamaba apoyo del nivel central para controlar ese fenómeno. Lo digo porque para nada era tolerante con actuaciones irregulares, corruptas o que rayaran en el incumplimiento a la ley.

Aquí también debo mencionar el enorme sacrificio personal que significó para el coronel Martínez comandar el grupo especial que persiguió a Pablo Escobar hasta darlo de baja. Mientras los oficiales del Bloque de Búsqueda tenían derecho a días de descanso para salir de Medellín y visitar a sus familias en Bogotá o en otros lugares del país, él permanecía en la Escuela Carlos Holguín, donde llevaba una vida parecida a la de un monje. Lejos de buscar momentos para cambiar de ambiente, de disfrutar al lado de los suyos, se quedaba leyendo, estudiando, replanteando la estrategia de localización de Escobar. Diría que, tras su regreso de España para reasumir el mando del Bloque de Búsqueda, el coronel Martínez vivió única y exclusivamente en función de hallar al jefe del cartel de Medellín.

Dada su personalidad, pero también por los resultados, por su entereza y su carácter, él gozaba del respeto de todos. Lo respetaban el ministro Rafael Pardo, el general Gómez Padilla, el general Vargas Silva, y, por lo tanto, la voz del coronel Martínez era muy importante. Cada vez que él decía algo, que sugería algo, que se quejaba por algo, inmediatamente se producía una reacción para atender lo que decía o pensaba.

Su hijo, el gran dilema
El heroísmo del coronel Martínez Poveda habría de trascender aún más cuando su hijo Hugo decidió ingresar a la Policía,

27

graduarse de oficial y seguir los pasos de su padre en el área de inteligencia.

En la fase final de la búsqueda de Pablo Escobar tuve el privilegio de que el joven teniente Martínez –alto, delgado como su padre y siempre bien afeitado– estuviera vinculado directamente a la oficina de fachada del Comando Especial Conjunto. Pero él quería jugar un papel protagónico y varias veces me buscó y sostuvimos largas conversaciones en las que me pidió intermediar ante su papá para que le permitiera ir a Medellín a acompañarlo en los esfuerzos para localizar a Escobar.

Con toda razón y de manera prudente, como corresponde a un buen padre y también a un buen jefe, el coronel Martínez se opuso con dureza a que su hijo corriera semejante riesgo y quería que desarrollara su especialidad en la Dijín, pero en Bogotá. El teniente Martínez era un verdadero apasionado por la inteligencia técnica, es decir, la inteligencia electrónica, donde sobresalía por su talento. Finalmente, y después de insistir e insistir, terminó en Medellín al lado de su padre, y como era previsible habrían de conformar un dúo fantástico.

En poco tiempo, el teniente y luego capitán Martínez se hizo conocer como lo que era, un experto en inteligencia electrónica y no tardó en identificar un gran desorden en esa área del Bloque de Búsqueda. Para resolver los inconvenientes que había detectado, lo primero que hizo fue retomar el control de los técnicos que manejaban la operación en Medellín y estructuró un trabajo más organizado, especializado. Es que él entendía con meridiana claridad para qué servían los equipos franceses Thompson, para qué servían los equipos ingleses, para qué servían los trianguladores estadounidenses. Puso en orden la búsqueda electrónica y los resultados habrían de verse muy pronto.

En su doble condición de oficial enfocado en lo técnico y a la vez hijo del comandante del Bloque de Búsqueda, Martínez supo desde el comienzo que tenía una doble responsabilidad: por un lado, ganarse la confianza de sus subalternos mostrando conocimiento; y, por otro, responder a las exigencias de su papá. La verdad, les cumplió a los dos con lujo de detalles.

No olvido que me llamaba cada 72 horas a dar un reporte de las actividades que había realizado y casi siempre se refería a las dificultades topográficas de Medellín. Realmente, esa ciudad en temas de inteligencia electrónica es un reto muy grande. ¿Por qué? Porque el valle de Aburrá está rodeado de montañas y cuando las señales electromagnéticas de radio chocan con ellas producen distorsiones que impiden la localización efectiva e inmediata. Por ende, sincronizar esos equipos representaba para él una obsesión y una tremenda dificultad.

También hablábamos de la necesidad de que no le creara tensiones adicionales a su papá y por eso muchas veces le dije que, si él le decía que no se arriesgara yendo a x o a y lugar, pues que cumpliera la orden. "No se vaya a exponer ni lo vaya a desafiar", le decía y respondía que sí. Diría que la relación padre e hijo fue muy especial, basada primero en el amor, desde luego, entre papá e hijo, y en un respeto enorme. También, en la exigencia implacable de resultados del coronel Martínez Poveda a cada subalterno, así ese subalterno fuera un oficial y a la vez su hijo.

Por todo esto es que en la Policía se valoró muy positivamente la extraña ecuación de un padre y un hijo trabajando en el mismo lugar, con el mismo objetivo, enfrentando al peor de los criminales. Y lo digo porque el coronel Martínez había despertado una gran admiración al interior de la institución, donde llamaba la atención ver que, no solamente él sino también su hijo, hubiesen terminado inmersos en la búsqueda, sufriendo los embates de Pablo Escobar, incluidas sus persistentes y muy graves amenazas.

En aquel momento tuve la fortuna de que la analista de la oficina donde funcionaba la Secretaría del Comando Especial Conjunto, la suboficial María Emma Caro –hoy una coronel retirada de la institución por razones de edad y de generación–, construyó una relación muy fluida con el oficial Martínez. Por lo tanto, lo que él no me decía por respeto o por alguna razón, se lo contaba a mi analista de toda confianza y eso al final sería un elemento decisivo cuando se produjeron las últimas llamadas de Juan Pablo Escobar a su padre. Justamente, María Emma mantuvo contacto directo por teléfono con él, para indicarle que las comunicaciones del capo se estaban produciendo justo en ese momento. De esa manera, el oficial Martínez también activó en tiempo real las operaciones de radiolocalización que terminaron con la muerte del capo de capos.

Para resumir, diría que el golpe final, la última puntada que desembocó en la caída del delincuente más buscado del mundo en ese momento, fue resultado de la persistencia, de la pasión, el conocimiento y el carácter disruptivo con los que el teniente Martínez asumió la responsabilidad de dirigir los grupos de radio localización con radiogoniómetros, escáneres, barredores de frecuencias Thompson, muy sofisticados, que llegaron a la Policía Nacional como resultado de la cooperación internacional francesa, inglesa y estadounidense.

Un lamento sincero

Así, en el tejado de una casa en el barrio Las Américas de Medellín terminó la carrera criminal de Pablo Escobar. Solo entonces el coronel Martínez Poveda y su hijo, el capitán Hugo Martínez Bolívar, pudieron descansar después de meses de tensión y zozobra.

Hoy lamento profundamente que este libro, que verá la luz tres décadas después de la culminación exitosa de la tarea encomendada, no sea autoría del coronel Martínez Poveda, quien como ya se ha visto, vivió en función de esa operación de manera obsesiva.

Creo que la historia del país, la historia de la Policía, la historia de la lucha de la humanidad contra el crimen echará de menos las palabras, los textos que el coronel Hugo Martínez, luego general de la república, debió escribir sobre un episodio tan apasionante.

Esta afirmación me lleva a destacar una característica del coronel Hugo Martínez Poveda. Tiene que ver con que fue un oficial que nunca persiguió la gloria, que no se dejó llevar por la vanidad, que al momento de la muerte de Pablo Escobar volteó a mirar a los cientos de policías que lo habían acompañado en esa lucha para enaltecerlos, hacerlos partícipes de su triunfo. No fue un oficial arrogante. Nunca salió a los medios de comunicación a cobrar para sí algo tan esperado por Colombia y por el mundo entero, como fue la muerte de Pablo Escobar. Basta revisar los archivos para darse cuenta de que prefirió ceder el espacio para que sus superiores, pero también sus subalternos, muchos de ellos sí obsesionados con la vanidad y el ego, aparecieran en los medios de comunicación cobrando ese éxito.

Un final no tan feliz

Hablemos del después de Escobar, es decir, 1994, el año que habría de significar un profundo cambio en la historia del país. Me refiero a la sucesión presidencial y al cambio de objetivo en la guerra contra el narcotráfico.

Abordar este tema me pone un poco en el dilema de mencionar a quien fuera gran amigo del coronel Martínez Poveda. Menciono en concreto a su compañero de pupitre en el colegio, siendo ellos niños y adolescentes. En el mismo salón de clases se sentaban por aquella época en una escuela en el departamento de Santander los jóvenes Rosso José Serrano y Hugo Martínez Poveda. Seguramente nunca imaginaron que ingresarían a la Policía y mucho menos que años después serían protagonistas en una época tan difícil de Colombia como fue enfrentar las amenazas de los carteles de Medellín y de Cali.

Tengo que decir que, al final, esa entrañable amistad terminó de alguna manera interrumpida por los vaivenes de la política y por lo que significó que el gobierno del presidente Ernesto Samper hubiera tomado la decisión de nombrar director de la Policía Nacional al general Serrano. Imagino que en el fondo el también general Martínez esperaba tener un mayor protagonismo, pero sin embargo no fue así.

Dado el gran liderazgo que logró el general Serrano y, particularmente su gran protagonismo como responsable del éxito histórico, también para la Policía y para Colombia de haber desmantelado el cartel de Cali, la figura de Hugo Martínez se fue desvaneciendo. Aun así, Serrano lo designó como director de la Dijín, en una decisión calificada como un gran acierto porque esa unidad, trascendental para la Policía, quedaba en manos de alguien experimentado, conocedor de la Policía Judicial, con gran credibilidad y prestigio.

Pero, finalmente, el coronel Martínez decidió dar un paso al costado. Estoy seguro de que su gran orgullo fue ver cómo su hijo contribuyó de manera notable a liberar a Colombia de un peligro como el que significaba Pablo Escobar. Y lo hizo por encima de las capacidades ofrecidas por agencias internacionales, por encima de los esfuerzos mafiosos de los Pepes –Perseguidos por Pablo Escobar– para localizar al capo, por encima de las capacidades de la propia inteligencia colombiana militar y policial.

Ese oficial le ofreció a su papá el gran triunfo de haber localizado a Pablo Escobar. Y con ese recuerdo imborrable, en marzo de 2020 el coronel Hugo Martínez se fue a la tumba víctima de una enfermedad. Lo triste de esta historia es que su hijo, el joven oficial Hugo Martínez Bolívar tampoco está ya entre nosotros porque en abril de 2003 perdió la vida en un accidente de tránsito en la vía Fusagasugá-Bogotá.

Para quienes estábamos ahí cerca no dejaba de ser preocupante, triste, que esas dos figuras destacadas de la Policía, el dúo que se había conocido de niños –los generales Serrano y Martínez–, no estuviera simultáneamente al frente de la Policía Nacional. Desde luego el general Martínez tenía claro que yo era el hombre de confianza del director de la Policía. También sabía que mi lealtad estaba con el general Serrano y eso nos llevó a que tanto al final de su carrera como luego en uso de buen retiro, el general Martínez y yo no hubiésemos mantenido una línea de comunicación cercana, como la que hubiera querido para haber aprendido más de lo que significaron su trayectoria y su compromiso en la lucha contra el cartel de Medellín. Porque, repito, es probable que nunca conozcamos en su verdadera dimensión las vicisitudes que él afrontó dada su discreción, su personalidad poco protagonista, su entereza y su valentía, porque en lo personal y familiar prefirió afrontarlo en solitario.

En resumen, este es un reconocimiento que estimo es más que justo a dos profesionales ejemplares, a dos policías admirables que dejaron un legado de honor, de sacrificio y de persistencia alrededor de la exaltación de valores que inspiran e inspirarán por décadas a muchos policías para el cumplimiento del deber.

CAPÍTULO 2

La fatídica noticia

En la tarde del miércoles 22 de julio de 1992 me dirigía con mi esposa Claudia y mis dos pequeñas hijas hacia la casa de mis padres en el sector de Guaymaral, al norte de Bogotá. Íbamos a visitarlos porque por esos días gozaba de un corto periodo de vacaciones de mitad de año de la Escuela de Criminalística de Buenos Aires, Argentina, donde realizaba una licenciatura en la Facultad de Seguridad Pública.

El apacible recorrido fue interrumpido por una noticia de última hora de la cadena radial Caracol, que dio cuenta de la posible fuga de la cárcel de La Catedral de Pablo Escobar, el temido jefe del cartel de Medellín. El hecho no estaba confirmado aún, según dijeron en el reporte. El impacto fue tal que detuve el carro a un lado de la vía y Claudia y yo permanecimos en silencio durante un largo rato. Si era cierta, la noticia sería una catástrofe para el país. Por mi mente pasaron imágenes casi apocalípticas relacionadas con las múltiples consecuencias que derivarían de un hecho tan grave. No solo produciría una gran conmoción institucional interna, sino una dura reacción internacional, pues conociendo como conocía a mis amigos de las agencias federales estadounidenses, anticipaba un muy serio cuestionamiento al gobierno colombiano y una posición radical exigiendo la recaptura del capo de capos.

Ante la ausencia de más elementos de información llegué a pensar con el deseo que ojalá la noticia fuera solo una especulación periodística. Incluso alcancé a considerar que en el fondo podíamos estar frente a una sofisticada maniobra de distracción y que no era improbable que Pablo Escobar, lejos de haberse fugado, estuviese a bordo de un avión rumbo a Estados Unidos, donde lo requerían numerosas cortes de justicia.

No puedo negar que, dada mi formación como analista de inteligencia, en ese momento y todavía hoy me pasa, mi mente suele refugiarse en la incredulidad hasta tanto aparezcan evidencias concluyentes que me den la tranquilidad para considerar que una noticia es completamente veraz. La fuga de Escobar, de ser cierta en los términos como la presentaban los medios de comunicación, significaba la burla más vergonzosa a la que era sometida la institucionalidad de todo un país por cuenta de un criminal. También imaginaba el interrogatorio que me esperaba de mis compañeros de facultad cuando regresara a Buenos Aires luego de terminar mis vacaciones. Cómo explicar que el narcotraficante más poderoso del mundo se había fugado de su propia cárcel.

Intrigado, una vez llegamos a la casa de mis padres llamé a un oficial amigo en la Dijín, quien me confirmó que, en efecto, en la madrugada de ese día Escobar había escapado con su hermano Roberto y sus principales lugartenientes. Y agregó: "Mi mayor, hay una enorme confusión porque se fugó con todos sus secuaces, en circunstancias muy extrañas. En este momento está reunido el alto gobierno y le están pidiendo a la Dijín información sobre el tema".

De regreso a casa esa noche llamé al ministro de Defensa, Rafael Pardo Rueda, y le dije que como le había comentado días atrás, ya estaba de vacaciones en Bogotá y me había enterado de la crisis generada por la sorpresiva evasión del capo. Respondió que la situación era muy complicada y me pidió que lo visitara en su apartamento esa misma noche.

Llegué a la hora indicada y sin ocultar una gran preocupación, el ministro Pardo sentenció que la fuga de Escobar era supremamente grave y mencionó que el gobierno estaba pensando en una nueva fórmula en la que la persecución del capo no estuviese exclusivamente en manos del Bloque de Búsqueda de la Policía y de sus grupos especiales, sino en una estructura más robusta que incluyera un componente militar. Agregó que había hablado con el general Manuel Alberto Murillo, comandante del Ejército, y estuvieron de acuerdo en poner en marcha cuanto antes algo así como una especie de comando especial conjunto que tuviese participación de militares y policías, con un aporte muy grande de la inteligencia militar. Al despedirnos dijo que ese nuevo organismo entraría en funciones cuanto antes y yo estaba en sus planes para integrarlo.

En los siguientes días no me reuní con el ministro de Defensa porque él debía atender la crisis política generada por la fuga, los debates de control político en el Congreso y la atención a los medios nacionales e internacionales, que no salían del asombro por la manera tan escandalosa como Escobar había escapado.

Sí tuve comunicación directa con la Dijín y en particular con su subdirector, el entonces coronel Alonso Arango Salazar, quien estaba muy al tanto de los detalles y los antecedentes de lo sucedido. En ese momento yo llevaba quince meses fuera del país en comisión de estudios en Argentina y solo ahí supe que la Dijín y el fiscal general, Gustavo de Greiff, habían recibido información directa de las familias Moncada y Galeano, y de otro grupo de narcotraficantes, afirmando que se sentían muy amenazados porque Pablo Escobar había convertido la cárcel de La Catedral en un centro de mando y control desde donde cobraba personalmente deudas derivadas del tráfico de drogas y sentenciaba a muerte a sus enemigos. Los delatores también revelaron que el capo llevaba modelos, futbolistas, cómicos y artistas para su diversión y la de sus secuaces.

Las advertencias se hicieron realidad en la primera semana de ese julio de 1992, cuando se produjo el cruel asesinato de los narcotraficantes Gerardo "Kiko" Moncada y Fernando, el Negro, Galeano, quienes cayeron en una trampa al acudir a La Catedral tras una perentoria citación de Escobar. Allí fueron torturados y sus cuerpos incinerados, al tiempo que otras veintidós personas fueron secuestradas en Medellín, algunas de las cuales hoy siguen desaparecidas. Otros socios del capo, entre ellos los hermanos Fidel y Carlos Castaño y Diego Murillo Bejarano, don Berna, se salvaron porque no subieron a La Catedral. Hasta ahora nunca he podido precisar si la inasistencia de los Castaño y de Don Berna fue una casualidad instintiva o basada en información filtrada por los más cercanos colaboradores de Escobar para que no cumplieran la cita. Lo cierto es que, en ese caso en particular, su decisión de no cumplir una orden directa del capo fue el comienzo de un desbalance de poderes, como aparecerá más adelante en este relato, pues estos personajes habrían de ser fundamentales a la hora de estructurar la organización de los Pepes.

Según supieron los investigadores de la Dijín y de la Fiscalía, Escobar descubrió que Moncada y Galeano se habían apropiado de más de veinte millones de dólares producto de las utilidades del narcotráfico y por ello les ordenó a sus hombres violentar una residencia en Medellín donde encontraron una caleta con el dinero. El hallazgo de este y la confirmación de que sus socios estuvieron detrás de su ocultamiento desató la atroz matanza dentro de La Catedral.

Justamente, la confirmación de los dos crímenes desencadenó la decisión del gobierno de ordenar el traslado de Escobar a una base del Ejército, pero el capo no dudó un segundo en poner en marcha uno de sus varios planes para evadirse.

Con las piezas del rompecabezas sobre la mesa y en medio de la conmoción producida por la fuga, el coronel Arango recibió la instrucción de ir a La Catedral con la Policía Judicial de la Dijín y de la Fiscalía, a hacer una especie de mapa del sitio de los hechos. Y dado que yo me había desempeñado como analista de inteligencia de la Dijín y trabajado directamente con él, le pedí que cuando lo estimara conveniente me permitiera visitar la cárcel para empaparme directamente de lo que había sucedido. De esa manera tendría una aproximación más directa de la mentalidad y la psicología de Pablo Escobar.

El coronel Arango accedió a mi petición de ir y sin perder tiempo viajamos hasta allí. Yo tenía claro que más que nunca la recaptura de Escobar se convertía en un juego de inteligencias y, por lo tanto, era necesario descender a la mente profunda de ese criminal para tratar de anticipar sus decisiones, pero particularmente para conocer sus debilidades y preocupaciones.

La Catedral: una gran vergüenza

Cuando ingresamos a La Catedral sentí una gran decepción al ver cómo las instituciones colombianas habían cerrado los ojos ante la ambición desmedida de Pablo Escobar, que logró convertir ese lugar, hecho a su medida, cómodo, lujoso, en una especie de comando general del cartel de Medellín. Me parecía impresentable ver que todo sucedió a los ojos de tantas autoridades, comenzando por el anillo de seguridad militar que custodiaba el perímetro; la propia Dirección Nacional de Prisiones –lo que hoy es el Inpec–; y la ausencia total de autoridades judiciales y de los organismos de control, que fallaron en la verificación de lo que pasaba dentro de la cárcel. Lo que vi de entrada fue un Estado francamente débil, laxo, permisivo frente a un monstruo que ya había dado muestras de su perversa capacidad criminal.

Pero me sorprendí aún más al verificar que en realidad La Catedral era una infraestructura diseñada y construida para interrogar, torturar y asesinar, y también para cumplir los deseos lujuriosos de Escobar y sus compinches. En otras palabras, ese campus sin control correspondía exactamente a las pretensiones vanidosas y prepotentes de quien quería ser visto como el criminal más grande del mundo. La Catedral tenía distintos ambientes según los visitantes: una zona determinada para reunirse con su familia y otra para los invitados especiales; un completo centro deportivo para los partidos de fútbol con deportistas muy conocidos que iban hasta allá a jugar y a departir con él. Otro lugar acondicionado para invitados a la rumba y la farra. Y también, claro, una especie de casa de muñecas para su hija Manuela.

La habitación privada del capo reflejaba perfectamente su reconocida condición de megalómano. Era espaciosa y confortable, pero extravagante. También era un recinto polifuncional porque desde allí controlaba su organización y al mismo tiempo tenía todo lo necesario para su entretenimiento personal y su vida íntima: objetos sexuales, salones con luces de discoteca, *jacuzzi,* sauna. Incluso, un listado de videos de Betamax con todo tipo de temas donde prevalecía el sexo. Es muy posible que su precipitada huida no le haya dado tiempo para borrar las huellas de los abusos que se cometían o que él cometía allí con las mujeres que lo visitaban.

En la estancia donde dormía observé en detalle la completa colección discográfica del compositor, cantante y baterista británico, Phil Collins. Estando allí me negaba a aceptar que el punto de encuentro entre Pablo Escobar y yo fuera justamente el cantante británico, quien desde hace muchos años ha ocupado un lugar de privilegio en mis preferencias musicales. "Qué pesar tener que compartir la figura de Phil Collins con un asesino", pensé en ese momento.

La inspección a la habitación y los registros que ya habían adelantado los investigadores de la Dijín enumeraban en detalle numerosos discos de vinilo originales, así como un listado de los libros que se encontraban en una improvisada biblioteca, entre los que sobresalían tres del reconocido escritor estadounidense Tom Clancy: *Juego de patriotas*, *La caza del Octubre Rojo* y *Peligro claro e inminente*. Este autor era famoso porque recreaba novelas ambientadas en la Guerra Fría sobre espionaje e inteligencia militar. Se notaba que Escobar los había leído con atención porque muchas páginas estaban subrayadas de su puño y letra, especialmente los textos en los que el escritor señalaba la eficacia de las plataformas de inteligencia electrónica, es decir, los aviones llamados espías que monitoreaban comunicaciones e identificaban su origen. Ese era un asunto que lo obsesionaba. Leer ese tipo de libros era una señal clarísima de la gran capacidad que tenía Escobar para generar estrategias que le permitieran enfrentar al Estado, como en efecto lo hizo por más de una década.

Los hallazgos realizados en La Catedral durante la inspección realizada pocas horas después de su fuga, no me dejaron duda de la propensión de Escobar a mantenerse a la vanguardia tecnológica para evadir a las autoridades con sofisticados mecanismos. En contraste, también acudía a procedimientos precarios, pero muy efectivos, como tener vigías con visores nocturnos que monitoreaban día y noche cualquier movimiento externo. Y como La Catedral estaba relativamente aislada de la zona metropolitana, el capo seguía conectado con el exterior a través de una red de informantes, la misma que utilizó para descubrir el engaño de que era objeto por parte de sus socios Moncada y Galeano. Lo tenebroso del recorrido por La Catedral ocurrió cuando encontramos celdas, cuartos aislados, insonorizados, para producir dolor, para evitar el ruido, para limitar los gritos. Eran verdaderos cuartos de tortura.

La parte positiva de lo que sucedió el día que inspeccionamos palmo a palmo el lugar donde Escobar permaneció trece meses, es que los investigadores de la Dijín, encabezados por el coronel Arango, realizaron una completa evaluación científica a la luz de la criminalística. Allí recolectaron rastros y evidencias que serían el punto de entrada para conocer dimensiones de Pablo Escobar desconocidas hasta ese momento para la institución y particularmente por mí.

Al final del recorrido, observamos el lugar por donde Escobar había escapado pocas horas antes con su hermano y varios de sus lugartenientes. Nos quedó claro que el capo ideó al menos tres planes de fuga. El más fácil, y por donde finalmente accedió a la zona selvática de La Catedral, fue un muro construido en yeso, que simulaba el cemento. Era evidente que desde el día uno él tuvo claro que esas rutas debían estar previstas y aseguradas para su fuga.

Mi primer contacto como oficial de inteligencia con el jefe del cartel de Medellín se remonta a mediados de los años 1980, cuando amenazó a los magistrados de la Sala Penal de la Corte Suprema de Justicia que tramitaban en su contra varios procesos de extradición por narcotráfico. En ese momento recibí órdenes directas del mando, concretamente del director de la Dijín y del director de la Policía, el general Víctor Delgado Mallarino, de analizar y valorar la gravedad de las cartas que Pablo Escobar envió a los magistrados en las que los amenazaba de una manera brutal, acompañadas de fotografías y grabaciones que probaban que los seguía de cerca y tenía intervenidas sus comunicaciones.

Durante aquellos años, cuando la guerra narcoterrorista del cartel de Medellín llegó a poner en jaque al Estado, me desempeñé como jefe de una oficina que se llamaba Evaluación y Análisis, adscrita a la Sección de Inteligencia de la Dijín. Significa que yo no estaba comprometido con el desarrollo de las operaciones del Bloque de Búsqueda, pero dado el carácter nacional de ese organismo, la información que llegaba al nivel central en Bogotá, relacionada con el narcotráfico y el cartel de Medellín, era procesada por la oficina de la cual yo era responsable y de esa manera producía análisis que enviaba al alto gobierno y al mando de las distintas fuerzas.

Ya en agosto de 1990, cuando el presidente César Gaviria llegó a la Presidencia de la República, designó a Rafael Pardo Rueda como consejero de Seguridad Nacional. Al mismo tiempo, mis superiores en la Policía me enviaron a trabajar con él como oficial de enlace de la Dijín. A partir de ese momento y después de la campaña política tan cruenta que en los nueve meses anteriores les había costado la vida a los candidatos presidenciales Carlos Pizarro, Bernardo Jaramillo y Luis Carlos Galán, mi tarea consistió en estar muy cerca de la Consejería de Seguridad. Yo cumplía una misión de enlace de la Policía con esa nueva y recién creada dependencia de la Presidencia de la República. Estando allí me impresionaba la juventud de todo el equipo que lideraba Pardo y su aproximación irreverente, crítica, pero muy innovadora con que se acercaban a los temas de seguridad. Mi papel se limitaba a atender los requerimientos del consejero presidencial, que a decir verdad eran más bien esporádicos. Pero en todo caso era evidente que la Consejería quería tener en tiempo real información sobre los movimientos de los capos de los carteles de Cali y Medellín.

Como empezaba a implementarse la política de sometimiento a la justicia, era muy importante determinar cuál sería la reacción de los narcotraficantes para hacerse acreedores a beneficios judiciales en el marco de esa estrategia. Recuerdo con especial atención que la política de sometimiento empezó a significar un rompimiento en el hasta ese momento monolítico cartel de Medellín. Las señales que empezaron a llegar a través de distintos abogados, emisarios y directamente de familiares de la familia Ochoa Vásquez interesada en someterse a la justicia, fue el comienzo del fin de ese poderoso cartel del narcotráfico.

A la espera de un suspiro de tranquilidad

Con mi familia habíamos viajado a la capital argentina en abril de 1991, en cumplimiento de una decisión del mando policial y del gobierno, que quisieron estimular a un grupo de oficiales destacados en operaciones especiales contra la delincuencia, no solamente relacionadas con el cartel de Medellín. Un par de meses atrás, varios oficiales, considerados titulares del Bloque de Búsqueda, entre ellos Hugo Aguilar y Danilo González, quienes habían jugado un papel determinante en la primera etapa de la persecución de Pablo Escobar, habían sido enviados a la misma comisión de estudios en Argentina.

En realidad, mi salida de Colombia ocurrió en un momento crucial de la historia política del país, porque justamente en ese primer semestre de 1991 estaba en plena actividad la Asamblea Nacional Constituyente que modificaría la Constitución de 1886. El país giraba alrededor de una nueva institucionalidad y de la incertidumbre natural de vivir un proceso que no se sabía en qué iba a terminar.

Por el otro lado estaba Pablo Escobar, cuya presencia maligna se hacía notar en la vida diaria del país. Su objetivo fundamental seguía siendo la eliminación de la extradición y por eso había enfilado su estrategia hacia ese objetivo, que no parecía tan lejano porque era evidente que en el seno de la Asamblea

Constituyente y en la opinión existía una fuerte inclinación a desaparecer esa figura jurídica de la nueva carta magna.

Mientras la Asamblea avanzaba en sus deliberaciones, que debían terminar en junio de 1991, Escobar seguía dando señales de querer someterse a la justicia si el gobierno le otorgaba beneficios judiciales y de confinamiento. Cuando salí del país era un oficial joven, en el grado de mayor, que se iba con el sinsabor de que al final un delincuente tan peligroso como Pablo Escobar lograba de distintas maneras –mediante el terrorismo, la corrupción y su innegable capacidad mediática– producir las condiciones necesarias para salvarse de la extradición, un mecanismo que en el fondo había causado la tragedia que empezamos a vivir en Colombia desde 1984, cuando el propio Escobar y otros mafiosos determinaron el asesinato del ministro de Justicia, Rodrigo Lara Bonilla.

El viaje al exterior, en tan corto tiempo, de dos grupos de oficiales generó suspicacias en ciertos sectores de opinión, que afirmaban que el gobierno había desmantelado las unidades que de alguna forma tuvieron que ver con la intensa persecución de Pablo Escobar y sus escuadrones de la muerte. La verdad es que cuando me enviaron a Buenos Aires no sentí que me estuvieran haciendo a un lado, sino que era un premio merecido por muchos años de esfuerzo y de sacrificio familiar al haber estado al frente de una responsabilidad tan grande como la de inteligencia.

Eso sí, me aseguré de hacer una adecuada transición para que mi sucesor en la sección de inteligencia mantuviese la administración de fuentes abiertas y cerradas y la inteligencia electrónica. Reconozco que esas eran capacidades muy limitadas, pero era vital que siguieran funcionando.

Realmente lo que se veía venir con una nueva Constitución y con la entrega a la justicia de Pablo Escobar, era una especie de suspiro de tranquilidad de la sociedad colombiana, que ya estaba agotada de sufrir en carne propia una confrontación que había dejado miles de víctimas y generado tanta zozobra. Al final había una interpretación, en cierto sentido positiva, de que en realidad existía la posibilidad de acabar con esa tragedia y que lo importante era que ese criminal estuviera detrás de los barrotes de una cárcel.

No importaba si Escobar sería extraditado o no. Al final, lo que importaba era que terminara la campaña de exterminio que en el caso de la Policía nos había costado la vida a más de quinientos uniformados en Medellín en un solo año, y a los que él les había puesto precio. Una guerra que había llevado a la muerte a dos inolvidables oficiales, como los coroneles Jaime Ramírez y Waldemar Franklin Quintero, símbolos de lo incorruptible, modelos a seguir. Y bueno, la reflexión era: si esta guerra va a parar, pues que pare. Reconozco que en todo momento fui pesimista de que Pablo Escobar se presentara a la justicia. Siempre dudé. Tengo que confesar, cuando han pasado los años, que perdí la apuesta porque yo era de los que pronosticaban que el capo engañaría a todo el mundo y no se entregaría.

Luego entendería por qué lo hizo: porque los barrotes eran flexibles y porque se salió de esos barrotes cuando quiso.

Buenos Aires: lo bueno no dura tanto

Ya en modo comisión de estudios, debo decir que para los oficiales de la época Buenos Aires era una especie de paraíso en varios sentidos. Primero, en términos profesionales, porque las posibilidades de formación y especialización eran muy altas. En mi caso personal no elegí criminalística como mis demás compañeros, sino que exploré con la Policía Federal la posibilidad de especializarme en Seguridad Pública. En términos académicos, el nivel era exigente, competitivo.

A la escuela de criminalística asistían oficiales de buena parte de América Latina y nosotros, los colombianos, competíamos académicamente con ellos y con los propios argentinos. En esas circunstancias me consagré al estudio. Y, de hecho, dejé un récord de notas, las más altas en la Facultad de Seguridad Pública obtenidas por cualquier estudiante hasta ese momento.

Segundo, en términos personales, estar en esas condiciones en Buenos Aires era un paraíso porque significaba volver a rescatar a mi familia. Tenía dos hijas de cuatro y siete años, y con mi esposa Claudia descubrimos una estructura social distinta a la nuestra, donde la educación pública era una opción más que aceptable. Sin dudarlo, las matriculamos en una escuela estatal y para nosotros significó un gran aprendizaje ver cómo alrededor de un sistema público de educación existe un proceso de integración social donde los hijos de ministros, pero también los del señor del granero de la esquina, o del taxista, o en nuestro caso, como extranjeros, participaban de ese proceso de formación. Mientras duró, fue muy valioso para nosotros como familia.

También debo señalar que la especie de paraíso al que llegamos nos hizo pensar inicialmente que acumularíamos algún tipo de ahorro porque la proporción entre el peso y el dólar era muy alta y habíamos viajado con viáticos y con mi salario en dólares. Pero sucedió que justo en ese momento el gobierno del presidente Carlos Saúl Menem dolarizó la economía mediante la llamada Ley de Convertibilidad del Austral, que hizo equivalente 1 a 1 al peso argentino con el dólar. Entonces, el costo de vida encareció muchísimo y las posibilidades de ahorro se hicieron muy limitadas.

Por otro lado, y pese a que era muy joven y mi grado de mayor era considerado bajo e intermedio en mi carrera dentro de la Policía, en el plano profesional tuve la fortuna de acercarme al comando del Ejército argentino, cuyo jefe del estado mayor era el general Martín Balza, protagonista de un profundo proceso de transformación de las Fuerzas Militares Argentinas tras las dictaduras de 1970 y 1980. Era muy reconocido en el país porque asumió la responsabilidad del Ejército por las violaciones de los derechos humanos durante esos años.

Lo conocí con la excusa de entrevistarlo para un trabajo de grado y años después la vida me dio la oportunidad de tener un trato profesional con él porque fue embajador en Colombia por largo tiempo. Las paradojas de la vida: qué iba a imaginar que aquel mayor que visitó al general comandante del Ejército argentino luego sería director de la Policía de Colombia y ese general sería el embajador argentino en Colombia. Pues bien, sostuvimos largas charlas relacionadas con el significado de modernizar una fuerza, transformarla, pagar el costo de esa transformación, que fue lo que él hizo en su país.

También debo comentar que el relacionamiento de los oficiales que estudiábamos en Buenos Aires era muy limitado porque la carga académica nos quitaba mucho tiempo y los gustos de cada familia eran muy distintos. No fue, digamos, un gran escenario de integración de la oficialidad, algo que lamenté en muchos momentos. Pero en el fondo fue una experiencia muy satisfactoria, un verdadero premio y así lo asumimos todos.

Los lectores se preguntarán porqué era bueno para la Policía colombiana formar a sus oficiales en Argentina. La respuesta es que en aquella época ese país era una especie de potencia en asuntos académicos de seguridad y por esa vía sus escuelas de la llamada Policía Científica o la criminalística gozaban de un gran prestigio. A manera de ejemplos, el sistema Juan Vucetich de identificación dactilar y otros avances, corrieron por cuenta de desarrollos argentinos. Entonces, en materia criminalística, esa Policía llegó a ser muy, muy competente.

Además, Argentina tenía una influencia muy grande –creo que todavía la tienen– del derecho penal italiano, dada la fuerte conexión cultural entre argentinos, italianos y españoles. En materia de investigación judicial, pero particularmente en policía científica o la criminalística, ellos eran muy buenos en ese momento.

Con el paso del tiempo, la Policía Nacional ha estructurado una especie de trípode para asegurar la formación de sus policías, a través de comisiones al exterior. Para algunos temas, el FBI de Estados Unidos ha representado un soporte, como también lo han sido la Guardia Civil Española y la Policía Federal Argentina. De esos tres lugares, Colombia se nutrió durante buena parte del siglo XX.

Y como lo bueno no dura tanto, el ministro Pardo me pidió que regresara a Argentina, cancelara las clases, cerrara el apartamento y regresara a Colombia a integrarme al nuevo Comando Especial Conjunto. Hablé con mi esposa, mi compañera de tantos viajes, quien comprendió la gravedad de la situación, y sin dramatismo alguno nos dimos a la tarea de devolvernos en el menor tiempo posible. Era una nueva realidad, una nueva responsabilidad, volver a terminar una tarea que había quedado iniciada, y, por lo tanto, con todo el pesar, pero al mismo tiempo sin lamentaciones, regresamos a Bogotá.

A partir de ese momento asumiría un papel totalmente distinto, desconocido para mí, pero determinante en el fin último de localizar a Pablo Escobar. No entendía si sería propiamente un agente encubierto, un simple asesor del Comando Especial Conjunto, una especie de secretario ejecutivo del alto mando que direccionaba la búsqueda del capo o todo al tiempo. Lo cierto es que no tenía una vinculación orgánica con la Dijín, mi antigua unidad, porque ahora debía responder directamente al alto mando de la Policía, concretamente al director general y al director operativo. La idea del ministro Pardo era que el Comando Especial Conjunto debía tener una persona por fuera de las fuerzas y lo suficientemente independiente para hacer las evaluaciones y para que no se contaminara con nada. También buscaba tener una especie de agente libre para que pudiera ir a Medellín o viajar a Cali, estar en diferentes lugares del país sin tener que estar bajo la supervisión de mis jefes directos en la Dijín.

El nuevo rol que asumía me conducía al mundo del anonimato, a una vida profesional basada en una historia ficticia donde no tenía cabida la carrera profesional policial de Óscar Naranjo sino la de un nuevo personaje de mentiras llamado Francisco Andrés Rodríguez.

CAPÍTULO 3

De regreso a la dura realidad

El largo vuelo entre Buenos Aires y Bogotá se hizo eterno. Preocupaciones, inquietudes, y, ante todo, muchas preguntas, me impidieron conciliar el sueño, ya de por sí alterado por los acontecimientos de los últimos días.

Durante esas más de cinco horas hice un esfuerzo para olvidar, así fuese momentáneamente, los motivos por los cuales regresaba de manera tan intempestiva a Colombia y me propuse grabar en mi mente las imágenes de los mejores recuerdos de nuestra vida en Argentina. Hoy, después de tantos años, aun añoro caminar por el Obelisco sobre la avenida 9 de julio, por el barrio Santelmo, con sus coloridas tiendas de antigüedades y cachivaches, así como por el parque Palermo, con varios kilómetros de bosque para disfrutar en familia.

De alguna manera, también quedé cautivado por la intensidad de la discusión y el inagotable debate político sobre la realidad argentina. Cada vez que subí a un taxi o fui a un café o a un bar, descubrí en el taxista, en los camareros, en los metres y hasta en el más encumbrado de los empresarios, una notable pasión por el debate y la controversia dialéctica. Todavía sigo pensando que la sociedad de ese país disfruta vivir en crisis o muy cerca de situaciones de alto riesgo y de tensión social. Y, claro, cómo no reparar en Domingo Perón y

Evita, cuyos fantasmas estarán presentes por siempre en la vida de esa nación.

Finalmente llegamos a Bogotá. Era el 2 de agosto de 1992 y habían transcurrido diez días desde cuando Pablo Escobar, su hermano Roberto y varios de sus secuaces se fugaron de la cárcel de La Catedral. Colombia estaba sumida en una profunda crisis institucional derivada de la manera tan escandalosa como el jefe del cartel de Medellín había logrado burlar al aparato estatal que lo custodiaba.

Regresaba al país con mi familia porque como mencioné en el capítulo anterior, el ministro de Defensa, Rafael Pardo Rueda, me había pedido cerrar el apartamento donde vivíamos en arriendo y cancelar el semestre académico en la Escuela de Criminalística de Buenos Aires, a donde había llegado quince meses atrás a estudiar en la Facultad de Seguridad Pública. Según me dijo Pardo, el gobierno había decidido cambiar la estrategia para perseguir a Escobar, es decir, ya no solo por el Bloque de Búsqueda de la Policía y sus grupos de operaciones especiales, sino que en adelante la localización del capo estaría a cargo de un Comando Especial Conjunto, CEC, del que harían parte los mejores hombres de todas las fuerzas armadas del país, coordinados directamente por los generales del más alto rango. Pardo quería que yo asumiera cuanto antes la Secretaría Técnica del CEC.

Habíamos tardado escasos tres días en entregar el apartamento y cancelar las clases, y con mi esposa y mis dos pequeñas hijas abordamos el avión rumbo a Bogotá. En la soledad de la silla que ocupaba al lado de la ventana, empezaron a saltar preguntas tanto institucionales como personales alrededor de lo que me esperaba en las siguientes horas. Es que la tarea encomendada por el ministro Pardo implicaba ejercer de enlace entre el alto gobierno y todos los organismos que participarían en la persecución del capo; cumpliría un rol difuso, no propiamente de agente encubierto, pero sí alguien en la sombra, lo que implicaba crear una oficina de fachada, moverme en secreto. Era algo inédito para mí, pese a que a lo largo de mi carrera en la Policía había laborado en dependencias relacionadas con la inteligencia y con el análisis de información sobre todo tipo de delincuencia. ¿Cómo haría yo, un oficial en el grado de mayor, muy abajo en la escala jerárquica de la Policía, para relacionarme con oficiales en los grados de mayor general o general, que me llevaban más de quince años en la línea de mando y eran comandantes de sus respectivas fuerzas? Fue la primera pregunta que me hice. Pero más que eso, me inquietaba quedar por fuera de la estructura de la Dijín, el organismo de policía judicial al cual estaba adscrito. También me asaltaba la duda de cómo haría para responderles a cuatro jefes: al director de la Dijín, al director de la Policía, al subdirector de la Policía y al ministro de Defensa. Y como nadie sabría lo que yo hacía, ¿qué respaldo institucional tendría? ¿Qué personas trabajarían conmigo? ¿Cómo serían la logística, las comunicaciones?

En el plano personal tampoco la tenía fácil. Aun cuando hasta ese momento Claudia, mi esposa, sabía a qué me dedicaba, la información que ella conocía sobre mis actividades era fragmentaria, diría que mínima y por su seguridad era lo que correspondía. Pero ahora debía explicar que dejaría de ser el oficial visible de la Policía para convertirme en un personaje anónimo, que trabajaría en un lugar incógnito, que llegaría a casa siempre en taxi y que, en ningún caso, ninguna de las personas en el edificio donde residíamos podría saber que yo era mayor de la Policía.

Cuando llegamos a Bogotá, el desembarco del avión, el paso por el puesto de inmigración para sellar el pasaporte y reclamar las maletas en el viejo aeropuerto El Dorado, me mostraron un fuerte contraste con el aeropuerto de Ezeiza que hacía unas horas nos había despedido de Buenos Aires. Pero también me llamó la atención ver el rostro adusto de cada pasajero y la mirada de nerviosismo y de preocupación de funcionarios y ciudadanos del común. Era el nerviosismo propio de una sociedad saturada cada día por las noticias que se conocían del enfrentamiento entre las fuerzas institucionales y los carteles de la droga. Creo que el nivel de desconfianza que Pablo Escobar sembró entre los colombianos alrededor del futuro y la vida por venir sigue por ahí rondando.

A la salida del aeropuerto nos esperaban algunos familiares y de inmediato salimos en un largo recorrido hacia el norte por las ya tradicionales avenidas capitalinas, muy deterioradas por demás. Llegamos a la casa de mis padres en Guaymaral, un lugar apacible donde en compañía de mis parientes más cercanos y de Claudia y de mis hijas encontré la tranquilidad que necesitaba para asumir el extraño rol que me esperaba. Allí estuvimos un par de semanas y luego nos trasladamos a un pequeño apartamento para iniciar una nueva vida en la que mi nombre era otro. A partir de ese momento y hasta la muerte de Pablo Escobar, me llamaría Andrés Francisco Rodríguez, conocido popularmente como don Andrés, un asesor de ventas de equipos de oficina y sistemas de comunicación que, como todo ejecutivo medio, estaba obligado a cargar un portafolio con catálogos y manuales de uso de los equipos que supuestamente comercializaba. Recuerdo el susto que me pegué una vez, cuando iba a tomar un taxi y ya ejercía mis funciones como vendedor. El conductor, que me había visto por varias semanas llegando a la oficina, me preguntó: "Si usted es un vendedor, como me ha dicho que es, a qué hora vende si llega muy temprano en la mañana, se queda en la oficina todo el día y sale por la noche y no veo que detrás de usted haya un equipo de ventas". Sentí un poco de miedo, pero valoré el campanazo de alerta de un ciudadano desprevenido. A partir de ese momento redoblé las medidas de seguridad.

La hora de la verdad

La estrepitosa evasión de Escobar produjo como consecuencia inmediata la creación del Comando Especial Conjunto. Y sucedió justo cuando la persecución del capo había estado en exceso concentrada en el Bloque de Búsqueda y en el Cuerpo Especial Armado de la Policía, en una época en la que afloraban las desconfianzas de la Policía sobre el Ejército, dada la vinculación de algunos militares, especialmente en ciertas zonas del Magdalena Medio, con grupos paramilitares y con estructuras cercanas al jefe del cartel de Medellín.

Estoy convencido de que el ministro Pardo entendió bien que no se podía continuar con esos dos extremos y que para cerrar las grietas era necesario crear una estructura que integrara a la totalidad de la fuerza pública. Tras la fuga del capo, la reacción interna en la Policía fue decir "Eso pasó porque nos sacaron de la custodia". Y fue así, porque el suboficial del Ejército, Filiberto Joya Abril y otros seis militares fueron hallados responsables de facilitar la evasión de Escobar y condenados a diversas penas de prisión.

Estos antecedentes indicaban claramente que la localización del prófugo pasaba ahora por sumar capacidades, olvidar las desconfianzas y darle una señal al país y al propio Escobar de que todos estarían detrás de él. En otras palabras, se requería un alto nivel de integridad de quienes participarían, y de ello no quedó duda cuando fue perfilada la composición del mando superior del nuevo Comando Especial Conjunto.

En el Ejército, su nuevo comandante, el general Hernán José Guzmán –quien remplazó al general Manuel Alberto Murillo pocos días después de la fuga de Escobar–, fue un oficial totalmente abierto a la cooperación entre las diferentes fuerzas, sin resquemor alguno hacia la Policía. Él siempre fue claro en señalar que no habría protagonismo ni celo en los militares en relación con la búsqueda del capo.

En la Policía, el director, el general Miguel Gómez Padilla y el director operativo, el general Octavio Vargas Silva. El primero tenía una visión global, diría que estratégica, sobre la seguridad nacional y la importancia que significaba para el país enviar la señal contundente de que el cartel de Medellín no pasaría por encima del Estado. Al mismo tiempo, entendía que la institución tenía el compromiso de avanzar en reformas internas que la modernizaran. Y ya, de una manera mucho más comprometida y cercana con la búsqueda de Pablo Escobar, aparecía el general Vargas Silva, quien, dada su personalidad era un hombre con un don de gentes extraordinario, con una llegada cercana al personal en todos los niveles; un oficial inteligente que se comprometió directa y funcionalmente con el Comando Especial Conjunto.

En la inteligencia del Ejército estaba el coronel Freddy Padilla de León, quien había sido el profesor en la Escuela de Inteligencia Militar. Era un oficial muy distinguido de esa arma, con una formación para la época muy llamativa porque había estudiado en varias universidades y terminado algunas especializaciones, pero particularmente se preocupaba por ejercer un liderazgo basado en el conocimiento y en las buenas maneras.

La inteligencia militar, bajo el liderazgo del coronel Padilla de León como parte del Comando Especial Conjunto, se ocupó con especial énfasis en tareas de contrainteligencia para identificar las vulnerabilidades derivadas de la corrupción que imponía Pablo Escobar bajo la premisa de plata o plomo.

Ahora, al final de mi vida profesional, debo decir que cuando fui designado director general de la Policía por solicitud que el ministro de Defensa, Juan Manuel Santos, hizo al presidente Álvaro Uribe, siendo yo apenas un brigadier general con escaso año y medio de antigüedad en el grado, encontré a mi antiguo profesor Padilla convertido en comandante de las Fuerzas Militares. Siempre agradeceré su apoyo y orientación en los momentos críticos de mi transición para comandar la Policía Nacional.

Y así como en aquella época estuvimos unidos en la búsqueda de Pablo Escobar y en la derrota del cartel de Medellín, muchos años después nos encontramos para trabajar en equipo entre las Fuerzas Militares y la Policía Nacional para propinarle a las guerrillas los golpes estructurales definitivos que crearían las condiciones para que, bajo el liderazgo ya no del ministro sino del presidente Santos, se firmara un acuerdo que puso fin al conflicto con las Farc.

Debajo de todos ellos estaba yo, que desde luego era un oficial muy subalterno del alto mando en la Policía, pero creo que esa condición facilitó mi tarea en la Secretaría Ejecutiva del CEC para proyectar los balances semanales y examinar la eficacia y la estrategia operativa y de inteligencia que se estaba utilizando. Además, desde el primer día entendí muy bien que no tendría un rol de mando, de control o de direccionamiento de las operaciones y se trataba simplemente de ofrecer insumos al mando y al ministro Pardo para la toma de decisiones, así como orientar, explorar nuevas estrategias y generar recomendaciones para incrementar o cambiar el rumbo de algunas actividades.

Con esta renovada estructura empezamos a trabajar inmediatamente llegué a Bogotá en la primera semana de agosto de 1992. Y de entrada nos encontramos con una de las habilidosas jugadas del capo, que desde siempre se había movido entre dos aguas: de un lado, una enorme capacidad para hacer daño mediante el terrorismo indiscriminado, el secuestro como método de chantaje y el asesinato selectivo; y de otro, una innegable destreza para comunicar, para acceder a las altas esferas de los medios de comunicación, pero también para aterrorizar por medio de mensajes escritos o llamadas amenazantes.

La 'jugadita' a la que me refiero, como dicen ahora, fue mediática. Y fue totalmente inesperada para los protagonistas, tres de los más reconocidos periodistas del país en aquella época. Me refiero a María Isabel Rueda, Enrique Santos Calderón y Juan Gossaín, quienes estaban reunidos en la sede principal de la cadena radial RCN en Bogotá y recibieron una sorpresiva llamada telefónica del capo. Eran las once de la noche del sábado 25 de julio, escasos tres días después de su fuga.

Inicialmente, Escobar señaló que había decidido comunicarse con ellos porque quería desmentir dos informaciones puntuales que circularon después de su fuga: la primera y muy a su estilo de macho alfa, que él no había salido vestido de mujer de la cárcel de La Catedral, un rumor que ya circulaba de manera insistente; la segunda, que la hora exacta de la evasión fue las 7:30 de la mañana, cuando según él los militares entraron disparando y no en la madrugada, como se dijo de manera equivocada en varios medios de comunicación, que tomaron como fuente un comunicado de la Cuarta Brigada del Ejército.

Entrega sí, pero incondicional
Una vez Escobar aclaró los dos puntos que motivaron su llamada a RCN, la charla derivó muy pronto en su posible reentrega, pero, como siempre, empezó a poner condiciones. Ese tire y afloje se prolongó hasta las cuatro de la madrugada del domingo 26, pues desde el primer momento los periodistas entraron en contacto con la Casa de Nariño para transmitir las pretensiones del delincuente. Nunca se supo qué ocurrió

durante esas horas, porque tanto los periodistas como el gobierno expidieron sendos comunicados en los que refirieron algunos detalles de lo que sucedió aquella noche, pero no arrojaron luces sobre el resultado de esos contactos. Ahora, y a propósito de este libro, el ministro de Defensa de aquella época, Rafael Pardo Rueda, aceptó de muy buena manera responder algunas preguntas sobre la persecución a Pablo Escobar, una de las cuales tiene que ver con ese episodio.

El hecho de que el capo buscara a varios de los periodistas más prestigiosos del momento indicaba que él tenía claro que en las épocas más siniestras y terroríficas la prensa hablada, escrita y de televisión, había dado muestras de fortaleza, de integridad y de unidad, algo que sin duda alguna no se ha repetido en ningún país en la historia reciente. Y es que todos los medios se unieron para informar y enfrentar la amenaza que significaba un Pablo Escobar asesinando periodistas, como Guillermo Cano, director del diario *El Espectador*, y Jorge Enrique Pulido, director del programa de televisión Canal Abierto, otros muchos notables de ese oficio. No se pueden olvidar las imágenes de cientos de valientes periodistas publicando de manera masiva informes que daban cuenta de la estructura del cartel de Medellín y el prontuario de sus principales cabecillas. Digamos que en aquella época la prensa tejió una relación que calificaría de estratégica en términos políticos y periodísticos para defender los intereses de los colombianos y contra el poder de la mafia.

¿Cómo supo Escobar que los tres periodistas estaban reunidos en RCN aquella noche? No llegué a confirmarlo, pero logré articular una hipótesis según la cual el capo se enteró por cuenta de las fuentes que administraba la periodista Gloria Congote (q. e. p. d.). Ella era una reconocida reportera del área judicial, con informantes en las entrañas de la mafia y es bastante posible que por esa vía él se hubiera enterado de ese encuentro.

Una vez la inteligencia de la Policía supo del contacto entre Escobar y los periodistas, sus analistas interpretaron que se trataba de una maniobra típica para ganar tiempo. Era como una distracción encaminada a reducir la intensidad al despliegue de la búsqueda con el fin último de que se bajara la guardia. Por el contrario, lo que se decidió en ese momento fue acelerar las operaciones, sobre la premisa de que el capo estaba desesperado y que de pronto se podrían obtener resultados muy inmediatos.

Tras este primer movimiento del capo, empezó a tomar forma la oficina de fachada que sería la primera sede de la Secretaría Ejecutiva del Comando Especial Conjunto. El lugar escogido fue una *suite* de la torre 1 del Forte Travelodge Orquídea Real, considerado en aquella época uno de los hoteles más conocidos en el centro de Bogotá, situado en la carrera séptima con calle 32, donde hoy está el centro comercial San Martín. El edificio, donde anteriormente había funcionado el Hotel Hilton, era propiedad de la Caja de Sueldos de Retiro de la Policía, lo que sin duda facilitó el trámite de los documentos requeridos para una operación encubierta tan compleja. La idea de instalar la Secretaría del CEC en ese lugar había sido del mayor Leonardo Gallego, quien al parecer iba a integrar el grupo, pero el alto mando prefirió destinarlo a la inteligencia de la Policía Antinarcóticos.

De esa manera, Andrés Francisco Rodríguez –la nueva identidad de Óscar Naranjo– asumía, con el respaldo de una historia ficticia, la responsabilidad de instalar la oficina que inicialmente sirvió como fachada para las reuniones del Comando Especial Conjunto. Con los arrendadores de la *suite* quedaron pactadas varias condiciones, entre ellas que solamente tres personas tendrían acceso a las instalaciones. Mi anonimato se hizo tan extremo que no tenía esquema de seguridad ni mucho menos un vehículo asignado. Con mi maletín ejecutivo y movilizándome en taxi empecé a construir la nueva rutina.

La Secretaría Técnica del Comando Especial Conjunto era de tan reciente creación que las funciones que debía cumplir apenas estaban en proceso de estructuración. El CEC había surgido a partir de un documento que el general Manuel Alberto Murillo (q. e. p. d.), comandante del Ejército en ese momento, le presentó antes de dejar el cargo al ministro de Defensa, Pardo. Allí planteaba una manera nueva de operar en la que el papel de la inteligencia debía ser fortalecido, la colaboración con la Fiscalía tenía que estar asegurada, y el mando y control de la persecución debía ser nítido.

Las premisas que sustentaban la existencia del CEC mostraban claramente que la carga de trabajo sería enorme y que mi labor requeriría de ayuda. Por esa vía, el general Luis Enrique Montenegro Rinco, entonces director de la Dijín, aceptó mi sugerencia de designar a la suboficial María Emma Caro y al teniente Álvaro Gómez. Ella llegó inmediatamente, pero él tardaría dos meses en sumarse al grupo.

María Emma era una joven y activa policía que de tiempo atrás trabajaba conmigo como analista de inteligencia en la Dijín, donde había adquirido una notable experiencia en el manejo de información clasificada y altamente sensible, especialmente sobre narcotráfico y administración de fuentes humanas.

Cuando María Emma llegó, nuestra primera tarea consistió en adecuar la *suite* de tal manera que la entrada diera la sensación de que se trataba de una oficina ejecutiva normal. En la parte de atrás, varios clósets fueron acondicionados para ocultar nuestros elementos de trabajo; y en el espacio restante fue habilitada su habitación.

La joven suboficial Caro también debió aislarse de su familia –compuesta por sus padres y tres hermanos y con quienes vivía en el municipio de Funza, al occidente de Cundinamarca–, inventar una historia creíble para justificar su ausencia, crear una identidad ficticia e irse en forma permanente a ese lugar, prácticamente sin contacto con el exterior.

Su historia personal es valiosa. Motivada por ayudar a la comunidad y aun sin tener la edad requerida –ni siquiera cédula de ciudadanía–, había entrado a la Policía en agosto de 1989 como agente, pero casi inmediatamente fue llevada a la Dijín, a la división de inteligencia de la Policía, en virtud de que había ocupado uno de los primeros puestos en su promoción y por su destreza para el manejo de computadores. La Dijín avanzaba por aquella época en un profundo proceso de reingeniería y por ello María Emma y otras catorce mujeres policías recibieron inicialmente el encargo de digitalizar muchísimos documentos almacenados en cajas. Una vez culminada esa tarea, fue la única seleccionada para integrar un grupo especial de inteligencia. Luego de pasar con éxito varias pruebas de vulnerabilidad y confiabilidad, accedió a un área restringida donde se manejaban temas sensibles para la seguridad nacional.

Ahí empezó su carrera, que la llevaría a ascender a suboficial y luego a oficial. María Emma tuvo la fortuna de que a finales de la década de 1980 y comienzos de la de 1990, la Policía estuvo inmersa en una restructuración que obligaba la formación de mandos en poco tiempo. Ella cumplió con creces los requisitos porque ya tenía experiencia en manejo de equipos de trabajo, de subalternos y de colaboradores. Por cuenta de eso, fue a comisión de estudios a la Escuela General Santander para formarse como cadete e ingresar más adelante al escalafón de oficiales.

Su vinculación al CEC se produjo ya graduada como cabo segundo. Un viernes realizaba la práctica en un seminario sobre Policía Judicial en la Escuela Gonzalo Jiménez de Quesada y el general Montenegro envió a sus escoltas para que la llevaran a la sede de la Dijín, donde le informó que a partir de ese momento integraría el grupo de trabajo que yo dirigía.

Así empezamos a trabajar, en medio de un ambiente que podría calificar como esterilizado, es decir a prueba de filtraciones. María Emma se convirtió en mi mano derecha porque asumió el papel de analista durante veinticuatro horas, siete días a la semana, encerrada en esa oficina. La información secreta que llegaba relacionada con la persecución pasaba por sus manos y se encargaba de seleccionarla, ordenarla y extraer los datos más valiosos.

Por mi parte, no volví a la Dijín, de donde prácticamente desaparecí. Tampoco pertenecía al Bloque de Búsqueda, aunque sí mantenía contacto esporádico con su comandante, el coronel Hugo Martínez Poveda, a quien visitaba en la Escuela Carlos Holguín en Medellín cuando debía darle a conocer información reservada que solo podía ser entregada de manera personal, ya fuese proveniente de organismos internacionales o de fuentes confiables que se presentaban en unidades policiales. Cuando iba a esa ciudad no me contactaba con los demás oficiales del Bloque, ya fuera con los que hacían parte del Comando Especial Armado, es decir, los uniformados, o bien con los de la Dijín que popularmente se conocían en la Policía como los Rojos, que eran los investigadores que hacían parte de ese Bloque.

A su vez, el coronel Martínez Poveda empezó a enviar cada semana una especie de resumen ejecutivo de todas las acciones que se habían cumplido. Ese esquema permitió estructurar una bitácora, diría casi exacta, del número de allanamientos, registros, capturas y bajas que producía el Comando Especial Conjunto.

Las reuniones secretas del CEC

Algo muy útil que empezó a suceder por aquellos días de agosto de 1992, que mostraba el nivel de compromiso con la tarea encomendada, fue el hecho de que el propio ministro de Defensa, el comandante general de las Fuerzas Militares, el comandante del Ejército, el director general de la Policía, el director operativo de la Policía, el director del DAS y el director de la Dijín, llegaban todos los domingos a las tres de la tarde a la oficina de fachada a escuchar, comentar, reflexionar y analizar el desarrollo de las operaciones. La base de discusión eran los informes que preparábamos en la oficina alrededor del desempeño semanal de la fuerza pública en la persecución de Pablo Escobar. Después de tres y cuatro horas de intenso trabajo, ellos tomaban decisiones estratégicas que rápidamente derivaban en el desarrollo de operaciones. Esos encuentros tenían todas las garantías de seguridad para que los integrantes del CEC estuvieran tranquilos, en un ambiente no institucional que procuramos no fuese posible de controlar por nadie.

Las constantes reuniones de evaluación me llevaron a realizar informes semanales, dirigidos al alto mando, en los que además de hacer un resumen detallado de las operaciones debía proyectar recomendaciones, resaltar las fallas y los aciertos y, ante todo, plantear de manera descarnada la realidad de lo que sucedía en la búsqueda de Escobar. Así lo hice y a partir del 16 de septiembre de 1992, los generales y funcionarios civiles que asistían a las sesiones del CEC empezaron a recibir copia de esos informes, en cuya parte superior aparecía la palabra "Secreto". De igual manera, se decidió que en adelante Pablo Escobar sería identificado como el señor T, sin que hubiese una razón específica para haber decidido identificar al capo de esa manera. Es posible, y es una mera especulación, que asociáramos la letra T a la palabra terrorismo.

En general, digamos que la fuga de Escobar sirvió para empezar a construir confianza interinstitucional, no obstante que, al comienzo y a medida que avanzaban las operaciones, las contribuciones de inteligencia no fluyeron de manera abierta o importante porque cada fuerza procuraba mantener oculta la identidad de sus fuentes y se limitaba a compartir alguna información sin mayor relevancia. Esos resquemores eran previsibles, pero poco a poco se fue edificando una cercanía que sería definitiva para el resultado final. Creo que el diseño mismo del CEC contribuyó a esa distensión porque a la hora de desarrollar las operaciones quedaron sobre la mesa cuatro aristas a las que me quiero referir en detalle.

La primera de ellas fue la importante tarea que cumplían el Cuerpo Especial Armado del Bloque de Búsqueda de la Policía y el componente uniformado del Ejército. Se trataba de fuerzas con una gran capacidad disuasiva que, aunque actuaban con poca información de inteligencia, sí transmitían de manera eficaz el mensaje de que el Estado estaba en capacidad de llegar y permanecer en determinadas zonas. Este punto fue vital porque la presencia militar-policial penetró poco a poco en lugares que hasta ese momento controlaba exclusivamente el cartel de Medellín, especialmente en algunas comunas.

Un segundo componente era la inteligencia, que calificaría como no directa, que canalizaba, tramitaba y gestionaba fuentes de nivel estratégico para generar operaciones.

El tercer componente era la inteligencia táctica, en la que unidades del Bloque de Búsqueda o de la inteligencia militar lograron administrar fuentes humanas que resultaron valiosas para desmantelar la infraestructura del cartel de Medellín. En algunos casos lograron acercarse con éxito a lugares donde se presumía estaba Pablo Escobar, pero fracasaron en la ejecución de las operaciones.

El cuarto componente eran investigadores de la Dijín que hacían parte del Bloque de Búsqueda, conocidos como los Rojos que mencioné antes. Ellos no solo administraban fuentes, sino que estaban facultados para iniciar procesos judiciales, solicitar allanamientos y realizar capturas. A todo lo anterior se sumaba una capacidad de inteligencia electrónica transversal a los pilares de inteligencia que he mencionado.

Esos cuatro elementos sumaban sus actividades semana a semana y se podría decir que fueron los encargados de construir poco a poco un verdadero cerco judicial, policial y militar alrededor del cartel de Medellín. Esta acción estratégica daría como resultado que esa organización criminal terminase acorralada, ya no solamente por las fuerzas estatales sino por los enemigos naturales que Pablo Escobar graduó el día que asesinó a los Galeano y a los Moncada. Esos crímenes desembocaron en el grupo de los Pepes, una organización clandestina conformada por los antiguos socios del capo. Sobre este tema en específico me referiré en otro capítulo de este libro.

Búsqueda implacable

Con el paso de los días, la empresa ficticia empezó a crecer aceleradamente porque la Policía dispuso varias líneas telefónicas, conectadas con la Dirección General y respondidas por varias operadoras, que recibían las llamadas de quienes querían suministrar información sobre Pablo Escobar y sus lugartenientes. Otra fuente de información importante era el cartel de SE BUSCA, publicado en todos los medios de comunicación y en el que se ofrecía una jugosa recompensa por el capo y se suministraban varios números telefónicos a los que se podía llamar. La cifra más alta que el Estado estaba dispuesto a pagar llegó en 1992 a 2.700 millones de pesos –algo así como 3,7 millones de dólares al precio de la época–, después de pasar inicialmente por cien millones, luego mil millones y más adelante dos mil millones.

El aviso de SE BUSCA contenía un número fijo en Bogotá, el 2-22-50-12, y dos nacionales, 91-287-29-08 y 91-287-29-86.

Con el mismo fin también fue habilitado un correo postal especial que muy pronto se vio atestado de todo tipo de cartas. A esta compleja tarea se sumaba la aparición de fuentes humanas que era preciso evaluar porque el afán por ganarse la recompensa llevaba a muchas personas a inventar historias increíbles, difíciles de comprobar.

En el manejo de este enorme flujo de información tendríamos un soporte que habría de ser fundamental para el futuro de las operaciones: el teniente Hugo Martínez Bolívar, hijo del general Hugo Martínez Poveda, de quienes ya escribí en el primer capítulo.

El teniente Martínez se había convertido en todo un experto en inteligencia electrónica y por eso el general Montenegro quiso aprovechar su experiencia al entregarle la doble misión de servir de enlace entre la Dijín y la Secretaría Técnica del CEC para contrastar la información que llegaba a través del correo postal y también para filtrar los datos que suministraban las personas que llamaban a la línea telefónica habilitada para tal fin.

Por cuenta de la avalancha de información que se recibía de tantas fuentes dispersas, de un momento a otro la oficina se fue llenando de miles y miles de datos que, muchos de ellos, buscaban desviar nuestra atención. De cierta manera, nos convertimos en los ojos y oídos de los equipos tácticos que operaban en Antioquia. Era una gran responsabilidad porque debíamos suministrar insumos ciertos, verificables, para mantener la intensidad de la búsqueda.

La tarea de clasificar la información que llegaba convirtió a María Emma en experta en evaluar y descartar datos. Es que, sin exagerar, al buzón del correo podían llegar entre treinta y cien cartas todos los días. Las leíamos todas y resaltábamos lo relevante. Se sacaban listados de nombres, de alias, de lugares, se mapeaban sectores. La minería de ir al fondo de los mensajes dio herramientas muy importantes para el desarrollo de las operaciones.

Recuerdo que hacíamos evaluaciones periódicas de las llamadas, de las cartas y de los encuentros con fuentes, y nos dábamos cuenta de que, por ejemplo, en una misma semana los informantes ubicaban a Escobar en lugares distintos del país, casi todos fuera de Antioquia, como Panamá, algún país de Europa, y hasta viviendo con indígenas en el Amazonas o protegido en resguardos arahuacos en la sierra nevada de Santa Marta. Unas personas aseguraban que veían al capo a pocos metros de distancia y hasta aparecían clarividentes y pitonisas que decían estar en trance y sabían la localización del objetivo. Era impresionante. Pero al mismo tiempo sacábamos provecho de la situación porque hubo momentos en los cuales nos dábamos cuenta de que unas mismas personas llamaban a dar hasta tres versiones diferentes para confundirnos. Del análisis de esos datos siempre salía algo útil, un vestigio, una señal para dar inicio a una nueva operación. Estas maniobras distractoras nos confirmaban aún más que Escobar había decidido no salir del valle de Aburrá porque sus antiguos fortines en el Magdalena Medio ya no le eran confiables.

El análisis de la información que llegaba, adicionada con los aportes de los servicios de inteligencia, permitieron consolidar datos de alto interés sobre los movimientos futuros del capo. Dicha hipótesis quedó contenida en el primer informe que presenté justamente el 16 de septiembre de ese año a consideración del CEC y que se refería a la posibilidad de que estuviese dando los pasos necesarios para someterse por segunda vez a la justicia.

"Todo indica que el señor T ha impartido instrucciones para que se revise minuciosamente la condición física y de seguridad de la cárcel de Itagüí, lo cual estaría indicando que efectivamente piensa entregarse a las autoridades en el corto plazo", decía el apartado "Información de inteligencia" del mencionado documento. E iba más allá: "Se tiene certeza que al objetivo le preocupan los posibles sistemas de escucha que supuestamente fueron instalados en la cárcel de Itagüí y ha dispuesto detectarlos y neutralizarlos".

Con todo, esta labor diaria, sin parar, no aseguraba que la búsqueda de Escobar produciría resultados inmediatos o que él se limitaría a esconderse observando que el CEC ampliaba su radio de acción en Antioquia y Medellín. Por el contrario, el capo apelaría de nuevo a sus viejas estrategias para producir terror y desestabilizar al país. Así, el 18 de septiembre, cuando salía de su casa en la capital antioqueña, hombres armados dieron muerte a la reconocida juez de orden público, Miriam Rocío Vélez y a sus tres escoltas. La valerosa funcionaria adelantaba varios procesos contra el capo y sus lugartenientes más cercanos. A ese triste episodio se sumaba el hecho de que, de manera imperceptible, como en una especie de plan pistola, sicarios que obedecían órdenes del capo habían asesinado a veintidós integrantes de la fuerza pública vinculados a los organismos de inteligencia en Medellín.

La investigación de los distintos componentes del CEC sobre el crimen de la juez arrojó resultados interesantes que quedaron consignados en el informe del 29 de septiembre. Me refiero al allanamiento practicado en la residencia de uno de los principales abogados de Escobar, mencionado con nombres y apellidos en el documento, pero prefiero omitirlo en este libro porque hoy ya no tiene relevancia. Lo cierto es que en la diligencia los investigadores encontraron una carta del capo al jurista, que resumí de esta manera en el informe al CEC:

El señor T revela su satisfacción por el homicidio de la fiscal Miriam Rocío Vélez, y de otra parte se vincula de manera directa al abogado en las actividades delictivas desarrolladas por la organización cartel de Medellín, toda vez que la carta fue hallada en su residencia junto con cintas magnetofónicas que corresponden a un trabajo previo de inteligencia clandestino adelantado mediante interceptación del teléfono de la residencia de la fiscal asesinada.

De carreras al Hotel Tequendama

El largo brazo terrorista de Escobar habría de alcanzarnos pocas semanas después de que nos instalamos en el Hotel Orquídea Real. Literalmente tuvimos que salir corriendo de allí porque dos mujeres fueron descubiertas cuando caminaban por el pasillo del piso donde funcionaba la oficina de fachada, como si estuvieran verificando que estábamos ahí. Al mismo tiempo, en la esquina de la calle 30 con carrera séptima la Policía descubrió un vehículo cargado con explosivos.

Claramente, Escobar estaba dateado sobre nuestra ubicación y por ello nos trasladamos inmediatamente a Residencias Tequendama, un complejo de apartamentos contiguo al tradicional Hotel Tequendama, en pleno corazón de Bogotá. En pocos días ya estábamos instalados y funcionando en condiciones más o menos parecidas a las del lugar anterior, pero con mayores medidas de seguridad porque el Ejército estaba encargado de la vigilancia de todo el sector. El coronel Freddy Padilla de León sugirió ese lugar y entró en contacto con la Caja de Sueldos de Retiro de las Fuerzas Militares –entidad encargada de administrar tanto el hotel como las residencias– para arrendar una *suite* bajo la fachada de la empresa de representación de equipos electrónicos que yo gerenciaba. Empezamos a funcionar como si no hubiera pasado nada y las reuniones del CEC continuaron de manera ininterrumpida.

En los siguientes días la intensa actividad del CEC produjo resultados de importancia, toda vez que fueron capturados Sergio Alfonso Ramírez, el Pájaro, y Jorge Soto, el Zarco, dos piezas importantes en el andamiaje terrorista de Escobar porque extendían sus tentáculos no solamente a Antioquia, sino también al Magdalena Medio e incluso a Cundinamarca.

Al mismo tiempo fueron identificados plenamente siete abogados que manejaban la estrategia jurídica del capo y se encargaban de su reentrega a la justicia, así como seis individuos que controlaban su aparato financiero.

Por aquellos días de finales de septiembre y comienzos de octubre, detectamos cierta actividad de los enemigos de Escobar, encaminada a intimidar a las familias de sus principales lugartenientes. En este sentido, los medios de comunicación de Medellín dieron cuenta de los asesinatos en distintos lugares de la ciudad de un hermano de Otoniel González Franco y de Luis Carlos Arcila, así como del ofrecimiento en los bajos fondos del hampa de quinientos millones de pesos de recompensa por información sobre los hombres más cercanos al capo. Ya era evidente que en la persecución habían empezado a participar fuerzas no identificadas hasta ese momento.

No supimos si el campanazo de alerta de esas oscuras organizaciones tuvo algo que ver, pero lo cierto es que el 7 de octubre habría de confirmarse un rumor que circulaba hacía ya varios días en Medellín, al producirse la entrega a la Fiscalía de Roberto Escobar Gaviria, el Osito, hermano del capo; y de sus secuaces John Jairo Velásquez Vásquez, Popeye; y Otoniel de Jesús González Franco, Otto.

De nuestro lado, la interpretación que hicimos de ese hecho señaló que en la psicología de Pablo Escobar empezaba a tener peso un principio fundamental para él: poner a salvo a su gente más querida, crear una especie de retaguardia estratégica. Era un comportamiento que el capo no había mostrado antes para que, por ejemplo, su familia, y en este caso, su hermano, no corriera peligro alguno y que la gente más cercana estuviera protegida. Esta teoría fue confirmada con la entrega en las siguientes semanas de Luis Carlos Aguilar Gallego, el Mugre; y Gustavo González Flórez, Tavo, dos de los lugartenientes más cercanos a Escobar y encargados de la seguridad de su familia, pero principalmente de sus hijos Manuela y Juan Pablo.

La intensidad de las operaciones adelantadas por todos los componentes del CEC habrían de generar en noviembre dos golpes contundentes contra la organización criminal de Escobar. El primero y quizá el más importante desde su fuga tres meses atrás, fue la eliminación en operaciones contundentes del Bloque de Búsqueda de Brances Muñoz Mosquera, Tyson, jefe del ala militar del cartel, y luego de Johnny Rivera, Palomo.

Diría que estas acciones marcaron el inicio del desmonte de una especie de mito que señalaba que la gente más cercana, la más cruel de Pablo Escobar, era invulnerable. Y en la medida en que eso sucedía, el conjunto de la organización criminal y el propio capo recibían una importante dosis de realismo porque ya no podían dormir tranquilos.

La verdad de lo que estaba sucediendo era que el Bloque de Búsqueda y el Comando Especial Conjunto, con sus unidades especiales, fueron ganando terreno en materia de confianza en relación con las fuentes humanas. En el pasado, los informantes se acercaban con el temor de que las instituciones los traicionaran. Y las más de las veces ni siquiera pensaban en dar algún tipo de dato y preferían el silencio. Ahora, el mito se estaba rompiendo y buscar a la Policía, a la inteligencia militar o policial o al Bloque de Búsqueda para suministrar información, se hacía de manera más fluida. En los informes de evaluación semanal que yo entregaba al CEC consta que se estaba produciendo una espiral de crecimiento de confianza, materializada en el acercamiento de muchas fuentes que en el pasado habían sido anónimas y ahora querían poner la cara.

En consecuencia, el pago de recompensas empezó a dar resultados porque se les cumplía a las personas que entregaban información confiable, que una vez verificada derivaba en operaciones concretas. El rumor de que la autoridad actuaba con seriedad se regó como pólvora en el mundo criminal de Medellín y por eso día tras día creció el número de personas que querían dar información contra Pablo Escobar.

Concierto privado para Escobar

Justamente, en plena confrontación con el cartel se filtró información –que calificamos como muy confiable– sobre una reconocida cantante estadounidense invitada a la ceremonia de coronación de la señorita Colombia en Cartagena que se encontraría con Escobar en un lugar desconocido del país, a donde viajaría en su avión privado una vez terminara su presentación. El informante aseguraba además que la artista ofrecería un recital al capo. La nueva pista nos llevó en la segunda semana de noviembre a las tradicionales fiestas de la heroica, donde se desarrollaba el reinado de belleza.

El teniente Gómez y yo nos alojamos en el mismo hotel donde se hospedaban las reinas. A lo largo de las pocas horas que permanecimos allí siguiendo la pista del capo, fuimos testigos de la manera como se movían dineros del narcotráfico alrededor de la promoción directa e indirecta de varias candidatas a señorita Colombia.

Sin embargo, el propósito encubierto de seguir los pasos de la cantante y su equipo se vio abruptamente interrumpido porque la artista se vio enfrascada en una agria discusión por las condiciones del camerino en el Centro de Convenciones Cartagena de Indias. El asunto se complicó de tal manera que en la ceremonia de coronación interpretó un par de sus canciones más conocidas, pero canceló los otros posibles compromisos y de inmediato regresó a su país. Su avión privado, con plan de vuelo a una ciudad de Estados Unidos, decoló en la madrugada sin que se hubiese dado el supuesto encuentro con Escobar.

Nunca supimos si la información tuvo algún asidero en la realidad o fue solamente un rumor nacido de los mafiosos, que en su delirio de grandeza presumían de su poder para contratar estrellas de la farándula internacional, incluidos encuentros clandestinos con delincuentes. Una vez más, ni rastro de Pablo Escobar.

En este punto del relato también quiero resaltar un momento crucial que se produjo por la muerte del padre Rafael García Herreros, ocurrida el 24 de noviembre de ese año. Por esas cosas inexplicables que solo suceden en procesos tan violentos como los que vivía Colombia a finales de la década de 1990, el conocido religioso y el capo del narcotráfico resultaron conectados emocionalmente. Pablo Escobar era el lado demoniaco de la moneda y el padre García Herreros la otra cara, la buena, la antítesis del mal.

Como el país lo registró con notoriedad, el padre eudista, un evangelizador católico de todos los días con su programa televisivo El minuto de Dios, y muy querido por los colombianos, contribuyó de manera decisiva para que el capo se sometiera a la justicia. Recuerdo que su corto espacio se convirtió en un vehículo de comunicación con el delincuente y no pocas veces le envió ingeniosos mensajes en clave que nos ponían a pensar y repensar en su significado. Como aquel célebre espacio en el que le dijo lo siguiente al capo: "¡Oh! mar, estoy aquí en Coveñas, a tu orilla, estoy viendo tus olas, estoy escuchando tus rumores. (…) Me han dicho que quiere entregarse. Me han dicho que quiere hablar conmigo, ¡oh! mar, ¡oh! mar de Coveñas a las cinco de la tarde, cuando el sol está cayendo. ¿Qué debo hacer? Me dicen que él está cansado de su vida y con su bregar, y no puedo contárselo a nadie, mi secreto. Sin embargo, me está ahogando interiormente".

No obstante, el delincuente dilapidó la opción que el Estado le brindó para redimirse y por el contrario los muchos desafueros que cometió en la cárcel de La Catedral lo llevaron a fugarse escasos trece meses después porque el gobierno no estaba dispuesto a aguantar más. Es de imaginar que lo sucedido significó un golpe mortal para el estado de ánimo del padre García Herreros, que debió sentir una inmensa decepción al constatar que el jefe del narcotráfico se había burlado de todos, y particularmente de él.

El Bloque de Búsqueda, contra las cuerdas

Se acercaba el fin de 1992 y continuaban invariables las reuniones de los domingos con los integrantes del CEC en la oficina de fachada. No obstante, en el proceso de evaluar el avance de las operaciones empecé a notar cierta frustración en los altos mandos y hasta en el propio ministro de Defensa. La razón era que, aunque se avanzaba en el desmantelamiento del cartel con capturas, con bajas importantes, con decomiso de armas, el objetivo fundamental, es decir, la localización de Pablo Escobar, no se cumplía.

Hay que recordar que la presión que generó la fuga del capo les hizo pensar a muy buena parte de los colombianos, a las autoridades y a quienes cooperaban desde el exterior, que la enorme movilización de las instituciones y en general del país, concluiría muy rápidamente. Sin embargo, fueron pasando las semanas y los meses y el resultado no llegaba.

Yo percibía que esa frustración iba acompañada de un cuestionamiento silencioso que dejaba varias preguntas en el aire: ¿qué nos falta hacer? ¿Qué no hemos hecho bien? ¿Por qué este individuo logra evadir la búsqueda en la que estamos empeñados con las más altas capacidades del Estado? Ese era un poco el transcurrir de los encuentros dominicales de quienes integrábamos el Comando Especial Conjunto.

Por otro lado, no se puede dejar de lado el hecho de que también había una guerra mediática propiciada por el delincuente, que, de una manera muy hábil, enviaba mensajes periódicos a los medios de comunicación con los que, hay que reconocerlo, lograba el objetivo de desnudar las vulnerabilidades del aparato encargado de perseguirlo.

Para enfrentar esa ecuación tan adversa era prioritario descifrar los movimientos mediáticos del capo y resistir la presión sobre el CEC. ¿Cuál es la narrativa con la que se va a enfrentar esta situación? ¿Cómo hacer para mantener en alto el estado de ánimo de la fuerza pública y de los colombianos y la confianza de nuestros aliados internacionales? Construir un relato creíble para enfrentar al capo por fuera de lo meramente policial, fue sin duda uno de los retos más difíciles durante todo ese tiempo.

En medio de este escenario tan complejo, muy sobre la marcha se trazaron tres cursos de acción. El primero, mantener informado al país sobre lo que se estaba haciendo. Para hacerlo se decidió emitir un boletín semanal con los resultados acumulados. Según las circunstancias y el asunto a tratar, dicho balance lo daría a conocer o el ministro de Defensa, o la Dirección General o el director operativo de la Policía o el coronel Martínez

Poveda desde Medellín. Estaba claro que la clave era no descuidar la información y que los colombianos sintieran que la búsqueda de Escobar era muy intensa y por tal razón se producían unas acciones ofensivas.

Segundo, hacer un esfuerzo por desnudar la realidad del cartel. Ahí debo señalar que la capacidad de los periodistas investigativos de algunos medios de comunicación jugó un papel clave. Con el paso de los años supe que muchas veces la organización mafiosa del cartel de Medellín se sorprendía con informes periodísticos que revelaban intimidades personales, secretos relacionados con contradicciones, enfrentamientos o situaciones que Pablo Escobar consideraba secretas.

Y tercero, un marcado énfasis para lograr que la prensa internacional entendiera cuál era el desafío que estaba enfrentando Colombia; que no buscábamos a un prófugo cualquiera, sino que se trataba del desmantelamiento de un fenómeno criminal narcotraficante que durante muchos años creció de manera desbordada.

Creo que las dudas del gobierno alrededor de la eficacia de las operaciones fueron en aumento y eso significaba una especie de reproche tácito a los esfuerzos de búsqueda y localización. Aclaro que no recuerdo haber escuchado manifestaciones expresas de inconformidad del alto gobierno o de la Casa de Nariño, pero sí tengo presentes silencios elocuentes, como diciendo "Bueno, eh ¿qué pasa aquí? ¿Por qué esto no avanza?". En ese sentido debo decir que si algo caracterizó al gobierno de la época fue la frialdad con la que el presidente César Gaviria asumió la crisis. Él transmitía una distancia que llevaba implícita una exigencia muy alta. Y, a veces, parte del alto mando no alcanzaba a entender esa actitud. El carácter enigmático del presidente contrastaba con la presencia de un ministro de Defensa muy comprometido con dar un golpe definitivo que salvara el honor del gobierno. Es que en el fondo la fuga de Pablo Escobar había sido una estocada al honor y dar con él se convirtió en un asunto de principios.

Ahora quisiera referirme al momento que vivíamos en Colombia y a nuestra relación con el gobierno de Estados Unidos. Lo menciono porque en esa y en otras materias existe un vínculo tan estrecho que era necesario cuidar. En un asunto tan sensible hubo tres niveles claramente identificados alrededor de lo que significaba ir tras el criminal más buscado del planeta en aquel entonces.

Primero, el político, en el que las expresiones del embajador o de la Casa Blanca eran de acompañamiento y cooperación al gobierno de Colombia. Ahí siempre hubo un claro respaldo para que no estuviésemos solos en esa tarea.

Un segundo nivel, representado por las agencias estadounidenses y el Departamento de Justicia, mucho más aterrizado y comprensivo en cuanto a valorar los éxitos, los fracasos, las fortalezas y las debilidades del Estado colombiano frente a la persecución del capo. En ese nivel de la relación bilateral se daban conversaciones y preocupaciones abiertas en cuanto a que la corrupción podría obstaculizar la búsqueda porque, por ejemplo, el control penitenciario no era el mejor para impedir la comunicación entre las personas del cartel capturadas, las que se entregaron por segunda vez a la justicia y las que estaban en la calle. Ahí había un equilibrio que calificaría como pragmático, que quedaría en evidencia el día de la muerte de Escobar, cuando el embajador Morris Busby preguntó: "¿Y qué pasará ahora con el cartel de Cali?". En esa pregunta gravitaba el hecho de que estábamos concentrados en perseguir a Escobar, pero a ellos también los inquietaban los capos del Valle, que claramente conformaban otro poderoso cartel del narcotráfico y ya estaban en la mira de los estadounidenses. "¿O es que Cali tiene las manos desatadas para delinquir, dado que la prioridad es Pablo Escobar?", solía ser la pregunta en voz baja que nos hacían en la embajada.

Un tercer nivel era el operacional, donde la DEA, en particular, asumió un compromiso muy fuerte, muy cercano, muy comprometido de manera directa en las operaciones, enfocada en la administración de fuentes humanas.

Frente al panorama que acabo de describir, lo que se imponía entonces era tener un mensaje claro para uno de los niveles. En consecuencia, la Secretaría del Comando Especial Conjunto no negaba realidades. Cuando surgieron, por ejemplo, acusaciones del uso excesivo de la fuerza por parte de algún componente del CEC, eso se reflejaba, se escribía en los informes; cuando los integrantes del Bloque de Búsqueda eran objeto de intimidaciones y presiones que iban más allá de lo normal en el ejercicio de la función policial y se metían con sus familias, eso se expresaba para dar a conocer que la fuerza pública era víctima de una delincuencia feroz que quería arrasarla. Y, por otro lado, nos empeñamos en no crear expectativas que no se pudieran cumplir.

Cuando se revisa la historia treinta años después, y lo digo como el analista que fui en ese momento, debo reconocer que cometimos el error de crear una expectativa muy alta respecto de que la respuesta institucional produciría resultados efectivos inmediatos. Lo que logró esa actitud fue hacer que los políticos, la comunidad internacional, los medios de comunicación y los organismos de control, ejercieran una presión muy alta sobre el Comando Especial Conjunto y en específico sobre el propio Bloque de Búsqueda.

Ello derivó muy pronto en una serie de cuestionamientos sobre la eficacia de las operaciones de localización del capo, que de cierta manera mantenía intacta su capacidad para causar pánico. Lo digo porque pese a la intensidad de las operaciones, es como si él tuviera la sartén por el mango y ordenara realizar atentados en el momento en que le antojara. Por lo menos ese fue el mensaje que envió la noche del 2 de diciembre de 1992, cuando explotó un carro bomba no lejos del estadio Atanasio Girardot y mató a 14 personas y dejó 19 heridas. La notificación era clara: pocos días atrás habían caído Tyson y el Palomo, pero Escobar demostraba que tenía con qué responder.

Como se trataba de ser realistas sobre la situación, en la siguiente reunión del CEC recibí la instrucción del ministro de Defensa y del general Gómez Padilla de hacer una evaluación operacional que permitiera identificar los aciertos y desaciertos y asumir con una visión estratégica lo que sería 1993, que se consideraba sería crítico. Cómo desconocer que 135 días después de la fuga de Escobar habían surgido muchas críticas y el estado de ánimo reinante nos ponía en la incertidumbre de producir un resultado concluyente lo más pronto posible. En efecto, el 4 de diciembre de 1992 entregué un informe de cinco páginas dirigido a los integrantes del CEC, en el que formulé algunas recomendaciones encaminadas a mejorar la eficacia de las operaciones de búsqueda. Como se me pidió, si bien consigné los aciertos, enfoqué el contenido en señalar los desaciertos, que no dejaban de ser preocupantes porque la información de inteligencia disponible señalaba la proximidad de una nueva oleada terrorista.

Entre los aspectos a favor consignados en el documento incluí el sometimiento a la justicia del hermano y algunos de los secuaces del capo que habían huido con él en julio anterior; la captura de un centenar de sicarios; la baja de diecisiete sujetos que integraban la estructura criminal del cartel; el bloqueo de una parte del ala financiera de la organización y, muy importante, el avance de las acciones sicológicas basadas en las cuñas de televisión y en el lanzamiento de volantes en las zonas de interés, que derivaban en un mejoramiento paulatino de la imagen del Bloque de Búsqueda.

Para que el lector conozca en detalle las preocupaciones que nos asaltaban por aquella época, publico los puntos que me generaban las mayores inquietudes:

Los costos en vidas humanas para la fuerza pública son desproporcionados si se tiene en cuenta que el brazo armado del cartel de Medellín ha logrado asesinar 64 agentes de policía y siete agentes del DAS.

La respuesta a las acciones crecientes de violencia empleadas por el señor T se ha producido en función del principio de acción y reacción, siendo posible afirmar que en esta materia el prófugo mantiene la iniciativa. Lo anterior se corrobora si se analiza que la escalada violenta se ha cumplido en cuatro fases discriminadas así: con la muerte selectiva de personal de inteligencia, con el asesinato de personal uniformado, en tercer término, acribillando a auxiliares bachilleres y por último recurriendo al sistema de carros bomba para masacrar colectivamente a los uniformados.

El sujeto T parece haber conducido al Bloque de Búsqueda a un escenario de confrontación que le es propicio para distraer las tareas específicas de su rastreo y localización, pues resulta indiscutible que existe una prioridad inaplazable de neutralizar a los terroristas que atentan contra la fuerza pública.

Las operaciones de penetración, si bien han conducido al cumplimiento de objetivos intermedios, no han probado categóricamente que no obedezcan a una estrategia del señor T para dilatar las acciones.

Los golpes contra el sector del cartel responsable del tráfico de cocaína no han sido significativos en función del volumen incautado y su tendencia en los últimos meses no muestra una acción contundente de la fuerza pública en ese sentido.

Pese a los tres meses de operación del Bloque de Búsqueda, el aparato de inteligencia electrónica aún presenta inconsistencias en relación con los sistemas de monitoreo de radio teléfonos y *beeper*.

Los allanamiento y registro practicados a los familiares de los antisociales han demostrado la transparencia y efectividad de los procedimientos empleados por la fuerza pública y son también motivo de especulación, al punto de que empiezan a ser interpretados como acciones desesperadas del Bloque de Búsqueda.

Al terminar 1992 era claro que la frenética búsqueda de Pablo Escobar había avanzado, que su aparato militar, jurídico y financiero estaban diezmados, que el entorno familiar del capo ya no gozaba de la zona de confort a la que se había acostumbrado, que ocultarse en el Magdalena Medio ya no era una opción como en el pasado... habían pasado cinco meses desde la fuga de La Catedral, pero no lográbamos localizarlo. Y, lo peor, él sabía que con muy poco podía hacer mucho daño.

Por eso fue muy doloroso para el país y para la Policía el cierre de año con una acción que se podría calificar como demencial, pero que logró enviar el mensaje de que el jefe del cartel de Medellín estaba dispuesto al todo por el todo para enfrentar la persecución. Me refiero al cruel asesinato en la madrugada del 19 de diciembre del capitán Fernando Posada Hoyos, jefe de la Sijín de Medellín. Una caravana de vehículos con cerca de cuarenta hombres rodeó una casa fiscal en el barrio Las Acacias y detonaron un carro bomba contra una de las paredes. Luego, varios hombres armados ingresaron por entre los escombros para rematar al capitán.

Las investigaciones posteriores confirmaron que el propio Pablo Escobar había dirigido la acción criminal y aunque su hijo

Juan Pablo fue exonerado por la justicia, siempre rondó en el aire el rumor de que había estado en el lugar de los hechos al lado de su padre. En 2009, John Jairo Velásquez, alias Popeye, señaló en una entrevista: "Él sabe muy bien que estuvo con el patrón en la operación para matar al capitán Fernando Posada Hoyos, en 1992, cuando en Medellín dinamitaron la casa del oficial y luego lo remataron a bala. Esa noche, Juan Pablo cargó un fusil AUG austríaco y estuvo junto a 30 sicarios".

Recién ocurrió el atentado, la Policía capturó a varios hombres que habrían participado en el crimen y señalaron que tenían el convencimiento de que la residencia donde se encontraba el capitán Posada era una sede del servicio de inteligencia del Bloque de Búsqueda de Medellín.

La detonación del carro bomba empezó con algo que llamó la atención y que supimos después. El propio Pablo Escobar citó a unos 200 sicarios a una finca de recreo próxima a Medellín y les dio instrucciones precisas de cómo debían eliminar a ese oficial. Este momento consta en el relato de una persona que se entregó voluntariamente y rindió un extenso testimonio en la Fiscalía y también a un medio de comunicación. Esa noche del 19 de diciembre, dijo el testigo, numerosas camionetas llegaron al lugar en un impresionante despliegue mafioso y detonaron el carro bomba contra una de las paredes de la casa.

Testimonios de la Policía recogidos posteriormente señalaron que el atentado fue realizado desde al menos diez camionetas repletas de hombres armados, que tras la detonación del vehículo bajaron con fusiles AR-15 y entraron a la vivienda destruida a rematar al oficial, si era que había sobrevivido.

La muerte del capitán Posada ocurrió en un momento muy especial porque justo por esos días el comandante de las Fuerzas Militares, el general Ramón Emilio Gil, había ofrecido una amplia y sentida declaración pública encaminada a neutralizar las crecientes críticas por nuestra incapacidad para localizar a Pablo Escobar. En su mensaje intentó elevar el estado de ánimo y la moral de la Policía, del Comando Especial Conjunto y de las unidades militares que participaban en la persecución. Dado los golpes que se habían obtenido contra los principales jefes sicariales de Escobar, el general Gil hizo un gran elogio de la inteligencia de la Policía, de las unidades de Policía Judicial, de los componentes del Bloque de Búsqueda y de quienes integraban el CEC. Sus palabras fueron recibidas con mucho entusiasmo en los distintos niveles de la fuerza pública, pero Escobar nos había dado un golpe mortal con el asesinato del capitán. El estado de ánimo de la Policía estaba por el piso.

Claro, es que era inaudito y difícil de explicar que un atentado de esas características se hubiese dado en la residencia de un experimentado oficial, donde se vulneraron todas las reglas mínimas de cualquier tipo de confrontación, con Pablo Escobar en persona, con su hijo, según dijo Popeye años después.

El asesinato del capitán Posada fue un muy triste epílogo de 1992. Para la Policía, el Comando Especial Conjunto y el gobierno, resultaba inadmisible que después de tantos meses de presión sobre el cartel en búsqueda de su jefe, los narcoterroristas tuvieran tal capacidad de maniobra para atacar la residencia de un oficial. El argumento inicial de que estos confundieron la casa atacada con una sede del Bloque de Búsqueda, lejos de disminuir tensiones y angustias al interior de la institución, las multiplicaba. Cómo así que Pablo Escobar, lejos de recurrir a una típica acción clandestina de seguridad, les ordenaba a sus hombres desafiar el corazón de la fuerza que lo perseguía.

Lo sucedido a finales de 1992 coincidía entonces con dos momentos, que calificaría de máxima tensión y confrontación entre la institucionalidad y el cartel de Medellín. Por un lado, era innegable que se estaban produciendo golpes muy importantes, arrestando y dando de baja a sus jefes sicariales y a sus financistas, pero, por otro lado, Pablo Escobar había detonado varios carros bomba en Medellín, y demostrando que él, personalmente, estaba dirigiendo esas acciones terroristas.

Recuerdo que, hasta antes de su sometimiento a la justicia en 1991, no existía evidencia de que el capo hubiese estado alguna vez al frente de episodios violentos en concreto. Está documentado que se limitaba a reunir una especie de estado mayor criminal del cartel, a dar las instrucciones, a seleccionar los blancos y los objetivos de alto valor a eliminar, pero se mantenía en una especie de retaguardia estratégica.

Ahora, en esta nueva etapa de la guerra, habría que decir que Pablo Escobar estaba entrando en otro estadio de su carrera delincuencial: participaba, salía, se reunía directamente con sus sicarios. Y eso significaba una doble demostración: la primera, que cinco meses después de su fuga, de cierta manera había consolidado un estado de clandestinidad y de seguridad personal; la segunda, que veía acercarse la acción del Estado y como se sentía arrinconado, no le quedaba otra opción que mostrar cierta fuerza y enviar el mensaje al mundo criminal de que él estaba ahí, dando la guerra. Y dada la psicología criminal perversa de Escobar, era dable pensar que, como se dice popularmente, lejos de dejarse acorralar había decidido saltar la cerca y dirigir, reunir, dar instrucciones y participar directamente en las acciones criminales.

Una reflexión necesaria

Así terminaba 1992, y, a manera de evaluación, desde su fuga, en julio anterior, Pablo Escobar se empeñó en cumplir como con cuatro fases violentas. Primero recurrió a la muerte selectiva del personal de inteligencia que lo perseguía. Luego al asesinato de personal uniformado de la fuerza pública, particularmente policías. En tercer término, acribillando auxiliares bachilleres. Y, por último, recurriendo a un sistema de explotar carros bomba para masacrar colectivamente a los uniformados.

Es decir, la espiral de violencia de Pablo Escobar contra la Policía, que inició con asesinatos selectivos, terminó en 1992 de manera muy indiscriminada con la instalación de carros bomba. También es forzoso reconocer que las operaciones de penetración, con agentes encubiertos, solo llegó hasta unos mandos intermedios que realmente no probaban de nuestra parte una gran capacidad para localizar a Escobar.

Por otro lado, digamos, esta evaluación del primer semestre daba cuenta de que la capacidad de inteligencia electrónica presentaba fallas, no era consistente y los sistemas de monitoría de radioteléfonos y de *beeper* tenían muchos agujeros negros. No había un control total del espectro y de las frecuencias que usaba Pablo Escobar. Otra preocupación desde la evaluación crítica tenía que ver con la necesidad de aislar definitivamente a los reclusos de la cárcel de Itagüí y evitar sus comunicaciones con el exterior. A estas alturas ya era evidente que quienes se habían sometido por segunda vez a la justicia o quienes habían sido capturados, mantenían contacto directo con las células terroristas de Pablo Escobar y eso aparecía como una gran debilidad.

Habían transcurrido cinco meses desde cuando Escobar decidió dejar las comodidades de la cárcel que él mismo había escogido. Llegábamos a finales de 1992, un año marcado por una sensación combinada de éxitos y frustraciones, pero en todo caso por una cierta impotencia de no haberle cumplido al país para que los colombianos pudieran celebrar la Navidad e iniciaran un Año Nuevo sin el fantasma de Pablo Escobar y su estela de muerte y violencia.

CAPÍTULO 4

El desafío narcoterrorista

Ya de regreso a la realidad y con la mira puesta en Pablo Escobar como objetivo número uno, en los primeros días de 1993 vaticinamos que el año estaría marcado por una oleada de terrorismo indiscriminada producto del desespero del fugitivo. Enfrentaríamos a una especie de fiera que se sentía acorralada y que, por lo tanto, enviaba señales de querer renunciar a su ya conocido principio guerrerista de plata o plomo, para privilegiar la fuerza del terror sobre el poder de la corrupción. Todo indicaba que el capo se concentraría en hacer un esfuerzo por sobrevivir y dejaría de lado su vieja estrategia de imponer su poder narcotraficante en todo el país.

Muy a su estilo de hacer movidas para generar expectativa y terror y de paso convertirse en referente de la agenda diaria del país, en la segunda semana de enero el delincuente envió una carta al fiscal general, Gustavo de Greiff, en la que prácticamente anunció la continuación de la guerra:

> Frente a todas las circunstancias, no queda otra alternativa diferente a la de descartar la lucha jurídica y emprender y asumir una lucha armada y organizada. Como consecuencia de todo lo anteriormente dicho, deseo comunicarle a usted de manera oficial y pública mi determinación de fundar y liderar un grupo

rebelde armado que se denominará Antioquia Rebelde. Estaré siempre atento al diálogo y a la búsqueda de la paz, pero de hoy en adelante las condiciones de ese diálogo serán las mismas que se emplean para todos los grupos rebeldes, llámense subversivos o guerrilleros.

Treinta años después de su muerte, estoy seguro de que Escobar no alcanzó a imaginar la herencia perversa que desde entonces han adoptado distintas expresiones narcotraficantes para tratar de venderse en Colombia y en el mundo como organizaciones políticas. El ejemplo más revelador es que una banda criminal, disidente de los acuerdos que llevaron a la desmovilización de las Autodefensas Unidas de Colombia, AUC, conocida inicialmente como Los Urabeños, que se ha dedicado a consolidar su poder territorial a partir del narcotráfico, se presenta desde hace años como las Autodefensas Gaitanistas de Colombia. Desde entonces y en una búsqueda que parece no tener fin, esa organización pretende sentar al Estado para iniciar una negociación política y según ellos reintegrarse a la sociedad, pero recibiendo el mismo tratamiento que la historia de nuestro país registra alrededor de múltiples acuerdos con distintas guerrillas.

La retadora carta de Escobar fue divulgada por todos los medios de comunicación, que resaltaron además la amenaza directa al cuerpo diplomático acreditado en Colombia y la mención específica de objetivos concretos, algo que no había hecho antes:

> ¿Qué haría el Gobierno si como respuesta a las torturas y desapariciones colocaran una bomba de 10 mil kilos de dinamita contra la Fiscalía General de la Nación, contra la Administración de Impuestos Nacionales o contra Inravisión o *El Tiempo*?

Ante la gravedad que planteaba el mensaje, las Fuerzas Armadas tomaron todo tipo de precauciones, al tiempo que el alto mando de la Policía organizó un encuentro urgente con los embajadores. Para esa reunión preparé un memorando dividido en dos partes. La primera, una aproximación a las operaciones desarrolladas desde la fuga del capo, empezando por la reentrega a la justicia de importantes lugartenientes de Escobar, entre ellos su hermano Roberto. El balance incluyó datos como que el decomiso de estupefacientes superaba las 70 toneladas de alcaloides; más de 4.000 personas habían sido capturadas; 35 terroristas fueron neutralizados; dos toneladas de explosivos fueron incautadas y siete carros bomba fueron desactivados. Estos resultados fueron consecuencia de haber allanado 5.300 domicilios y ejecutado un poco más de 1.600 puestos de control. Esta información tenía el propósito de transmitirle a la comunidad internacional que el gobierno colombiano no estaba cruzado de brazos y que era necesario seguir contando con su apoyo en materia de inteligencia y de operaciones.

La segunda parte del memorando proyectado para el encuentro con los embajadores se enfocó en analizar la verdadera dimensión de la amenaza terrorista planteada por Escobar en la carta al fiscal. En ese sentido, precisé:

Es una táctica recurrente. Refleja el estado de presión y preocupación del narcoterrorista.

Sobredimensiona su capacidad terrorista.

Mencionar los objetivos que eventualmente atacaría, significa, según su perfil criminal, que trabaja sobre otros blancos que mantiene ocultos.

Siendo preocupante la amenaza sobre el cuerpo diplomático, no existe ningún hecho en concreto que permita darle absoluta credibilidad.

De todas maneras, la Policía no desestimó la amenaza del capo y dispuso que la Dirección de Servicios Especializados se encargara de vigilar las sedes diplomáticas que según las evaluaciones resultasen más vulnerables.

Mientras los organismos de seguridad ponían en marcha el plan especial para proteger al cuerpo diplomático, la información de inteligencia obtenida por el Comando Especial Conjunto confirmó la intención del capo de convertir en eje de su expansión criminal al área metropolitana de Medellín porque sabía que con ello afectaría a esa ciudad y a los municipios vecinos donde se encuentran las áreas de descanso de los antioqueños. ¿Qué quería decir esto? Entrar a otra etapa de su carrera delincuencial y participar activamente en acciones desestabilizadoras, como la ocurrida a finales de 1992, cuando intervino personalmente en el asesinato del capitán de la Policía Fernando Posada Hoyos, jefe de la Sijín de Medellín.

La confirmación de los datos obtenidos por la inteligencia del CEC habría de llegar en la tercera semana de enero, cuando él y varios de sus hombres instalaron un retén ilegal en una importante vía del oriente de Medellín y detuvieron decenas de vehículos para requisar a quienes los ocupaban. Escobar cumplió a cabalidad el impacto que buscaba porque desnudó serias debilidades institucionales en el control del área, ya que a pesar de que Medellín había sido reforzada en términos policiales y militares, había desarrollado una osada operación propagandística, efectista, muy impactante. Además, se encargó de que no hubiera duda de que él había salido en persona a producir ese bloqueo en la vía al oriente antioqueño.

El episodio fue ampliamente cubierto por los medios de comunicación y cayó como un baldado de agua fría en el Comando Especial Conjunto. Fue impresionante escuchar los testimonios de las personas que cayeron en el retén, algunas de las cuales narraron que los delincuentes descubrieron a un integrante de la Policía y lo asesinaron en ese lugar. Una vez más, el capo había logrado causar el efecto dañino de dar a entender que, pese a las adversidades, seguía ahí, al frente del cañón, como se dice comúnmente.

Y como si fuera poco, el sábado 30 de enero recibiríamos un duro golpe de realidad con la explosión en la carrera novena entre calles 15 y 16, pleno centro de Bogotá, de un carro bomba que causó la muerte de 25 personas y les produjo heridas a 70. La mayor parte de las víctimas eran vendedores y transeúntes. Fue un ataque cobarde que afectó la vida y la integridad de cientos de ciudadanos inocentes que transitaban a esa hora por calles congestionadas y atiborradas de personas. La demencial acción ordenada por Escobar no solamente produjo el rechazo de la dirigencia y de los medios de comunicación, sino que multiplicó de una manera dramática el miedo de la población; un miedo que también reflejaba la desconfianza sobre las autoridades, a quienes se responsabilizó de no proteger adecuadamente la vida de los ciudadanos. Como es habitual frente a los estragos que causa el terrorismo, la condena contra el victimario fue acompañada de una denuncia muy fuerte contra los servicios de inteligencia. No importó que recientemente esos mismos servicios hubieran neutralizado o anticipado hechos que no produjeron víctimas. Y aunque nunca se ha admitido en público, la verdad es que esos juicios de valor, acompañados muchas veces de una dureza extrema, sí afectan la moral y el entusiasmo de los servidores públicos.

Frente a una ola de terror que seguramente se intensificaría, el reto desde el Comando Especial Conjunto era tratar de aportar argumentos para que el alto mando y el gobierno procuraran contener el temor ciudadano y mantener en alto el entusiasmo y compromiso de policías y militares.

Mientras en Bogotá el gobierno enviaba un discurso que intentaba vender la idea de que la situación estaba controlada, al tiempo que los organismos de seguridad desarrollaban una enorme operación para localizar a los terroristas, al día siguiente del atentado, en la madrugada del domingo 31 de enero, los medios de comunicación dieron cuenta de varios ataques ocurridos en Medellín y el Peñol, Antioquia, contra el círculo familiar más cercano a Pablo Escobar.

Las incursiones se produjeron en forma simultánea. Inicialmente, hombres armados llegaron a la finca La Cristalina, en zona rural del municipio de El Peñol, propiedad de Hermilda Gaviria de Escobar, madre del capo, y destruyeron todas las instalaciones con cargas de dinamita. Esa misma noche fueron activados carros bomba en la parte alta del barrio El Poblado de Medellín. El primero en inmediaciones del edificio Abedules de La Toja y el segundo, cerca de ahí, en el edificio Altos del Campestre. Según el reporte periodístico, en esos dos lugares habitaban la mamá del capo y varias hermanas de su esposa, Victoria Eugenia Henao. Por fortuna no hubo personas afectadas, solo daños materiales.

La coincidencia entre el atentado terrorista en Bogotá y el ataque a bienes y parientes de Escobar tuvo una explicación cuando los medios de comunicación dieron cuenta de que los Pepes habían expedido un comunicado en el que anunciaron que cada acción del jefe del cartel de Medellín sería replicada de manera contundente contra su familia. No lo sabíamos entonces, pero los hechos recién acaecidos indicaban que el enfrentamiento había entrado en una nueva etapa en la que los enemigos del capo decidieron actuar de la única manera que lograba desestabilizarlo: atacando a su familia. El panorama se complicó. Y mucho. Ahora estábamos ante una confrontación terrorista en la que dos enemigos por fuera de la institucionalidad se declaraban la guerra, frente a un Estado y unas instituciones que claramente estaban bajo una doble presión: la de la ciudadanía exigiendo mayor protección y la de Escobar, que pretendía derrumbarlo todo.

Escobar debía estar muy confiado todavía en su capacidad desestabilizadora porque el 15 de febrero un grupo armado, que llegó desde Medellín, detonó otras dos bombas en el centro de la capital del país. La primera en la calle 16 entre carreras 13 y 14 y diez minutos después la segunda, en la carrera 10 con calle 26. Cuatro personas murieron, varias más quedaron heridas y las pérdidas materiales fueron cuantiosas.

La búsqueda de los autores materiales de esta reciente oleada terrorista, que inteligencia identificó desde comienzos de año pero que no pudo neutralizar por el alto nivel de hermetismo de los delincuentes, sí permitió por medio de informantes identificar a dos individuos: Mario Alberto Castaño Molina, el Chopo, probablemente uno de los jefes de sicarios terroristas más importantes de Pablo Escobar en esta última etapa; y Dairo Cardozo Metaute, Comanche, también muy cercano y leal al capo, y quien había logrado mantener su identidad en el más absoluto secreto.

Nuevamente, la opinión reaccionó indignada ante el hecho de que a pesar de que en apariencia Escobar estaba asediado, en menos de dos semanas su aparato militar hubiese logrado realizar tres atentados en el centro de Bogotá. No importaba que los indicadores señalaran la existencia de una evidente pérdida de poder en lo militar, en lo jurídico y en lo financiero, si uno solo de esos ataques era capaz de aterrorizar a la población. El pesimismo invadía el ambiente y desde muchos sectores se oían voces pidiendo negociación y el relevo de quienes estaban al frente de la persecución.

Muchas fuerzas oscuras debieron moverse durante las siguientes horas en los bajos fondos del hampa en Medellín porque, en efecto, los enemigos de Escobar respondieron al ataque terrorista realizado en Bogotá. Hombres armados llegaron a una bodega en el barrio Las Acacias de Medellín y destruyeron una costosa colección de carros antiguos propiedad del capo. Vehículos Mercedes Benz, Rolls Royce y Porsche, así como numerosas motos y bicicletas de marca, fueron devoradas por las llamas en cuestión de minutos. Al día siguiente, 18 de febrero, delincuentes a bordo de varias camionetas irrumpieron en la finca de recreo La Manuela, situada en la vereda El Tablazo, zona semirrural de Rionegro y destruyeron con dinamita todas sus instalaciones. El lujoso predio había sido un regalo del capo a su hija Manuela. Esa misma noche, desconocidos incendiaron una galería de arte propiedad de Marina Henao, hermana de la esposa de Escobar.

Casi inmediatamente se produjo la inesperada entrega en la Fiscalía Regional de Antioquia de Carlos Mario Alzate Urquijo, Arete, uno de los hombres más cercanos a Escobar y señalado de participar en el asesinato dentro de la cárcel de La Catedral de Gerardo Moncada y Fernando Galeano, socios del capo. Por estos crímenes la Fiscalía había expedido orden de captura en su contra. Con esta movida era claro que el jefe del cartel de Medellín perdía una ficha fundamental en el manejo de las redes de sicarios de la capital antioqueña. Según trascendió en medios periodísticos, Arete les dijo en privado a los fiscales que los continuos allanamientos del Bloque de Búsqueda y la captura y muerte de personas cercanas no le dejaron otra opción que someterse de nuevo a la justicia para preservar su vida.

La cadena de sucesos alrededor del entorno del prófugo continuó el 19 de febrero, cuando los medios de comunicación informaron que, en forma sorpresiva, Juan Pablo y Manuela, hijos de Escobar, llegaron con otras cuatro jóvenes mujeres al aeropuerto José María Córdova con la intención de viajar cuanto antes a Miami. El vuelo 060 de Avianca debía salir a las 9:30 de la mañana. Los hijos del capo y sus acompañantes presentaron todos los documentos, que estaban en regla, incluida la visa a Estados Unidos, y obtuvieron los respectivos pasabordos. No obstante, cuando estaban a punto de pasar al área de inmigración fueron abordados por agentes del DAS y de la Policía, que practicaron una requisa de rutina y encontraron que los hijos de Escobar, menores de edad, no tenían el permiso de sus padres, requisito indispensable para salir del país.

El intempestivo viaje se frustró y en el aeropuerto se vivieron momentos de mucha tensión, pero los parientes de Escobar debieron rendirse a la evidencia. Antes de abordar un helicóptero que alquiló para regresar a Medellín, Juan Pablo, el hijo del capo, les dijo a algunos periodistas que habían decidido salir del país para escapar de la persecución de los Pepes[*].

Este intento de ubicar a su familia en Florida confirmaba nuestros pronósticos de que el terrorismo era el último recurso que emplearía Pablo Escobar para tratar de contener su localización. Por aquellos días, sin embargo, los medios de comunicación que registraron el fallido viaje a Miami procuraron no especular demasiado, al punto de que, cuando a finales del año, como lo contaré más adelante, la familia intentó viajar a Europa, la opinión pública recordaba muy poco este primer intento que al final no fue exitoso. Sin embargo, para el estado de ánimo de Escobar este fue un golpe que contribuyó a exacerbarlo y a actuar de manera cada vez más irracional.

Por esos días de finales de febrero y comienzos de marzo de 1993, el aparato militar y financiero de Escobar se redujo aún

---

[*]   Un día después del fallido viaje de los hijos de Escobar a EE.UU., la embajada estadounidense en Bogotá les canceló la visa de turismo. La sede diplomática explicó que las circunstancias bajo las cuales se les entregó años atrás, habían cambiado.

más al producirse la entrega de otros cuatro hombres fundamentales en ese engranaje: Giovanni Lopera Zabala, Pasarela; José Fernando Posada Fierro; William Cárdenas Calle, Lenguas; y el recién mencionado Dairo Cardozo Metaute, Comanche. Respecto del sometimiento de estas cuatro personas y la situación interna del cartel de Medellín, en el informe al CEC del primero de marzo señalé lo siguiente:

Es indiscutible que la presión del Bloque de Búsqueda sobre estos antisociales los llevó a una situación de aislamiento que derivó en su entrega a la justicia. En los cuatro casos, el número de allanamientos, capturas y bajas de hombres integrantes de sus estructuras armadas es evidente.

Distintas fuentes confirman que el señor T ha ordenado que cualquier miembro del nivel superior del cartel que sea buscado por las autoridades y tenga peligro inminente de ser capturado, debe entregarse a las autoridades. Se afirma que textualmente él ha dicho: "Es muy importante negarle victorias a la Policía y una baja es más negativa que diez entregas juntas".

De otra parte, se afirma que estas entregas se producen en el marco de un plan de ajuste estructural del cartel, anticipándose a un nuevo sometimiento a la justicia del cabecilla de la organización. Lo anterior en un afán por garantizar que en el futuro inmediato toda la estructura criminal se mantenga en operación y no se afecte con la eventual entrega del señor T.

En todo caso es evidente el desconcierto que en los niveles medios y bajos de la organización está causando la entrega progresiva de delincuentes estrechamente vinculados al cabecilla narcoterrorista.

Las entregas continuadas son a primera vista interpretadas como una desbandada que estaría significando una crisis profunda al interior del cartel.

De acuerdo con informes de inteligencia procesados en Medellín, se llega a la conclusión de que se ha iniciado un receso en los actos terroristas, debido a las bajas y capturas sufridas por el cartel durante los últimos días y en especial por la entrega de Giovanni Lopera, Pasarela.

Las recientes noticias sobre las deserciones en el cartel nos llevaron a la percepción de que entraríamos en una especie de receso en la ejecución de actos terroristas. Para la Policía Nacional representaba un cierto alivio, pero habría de durar poco por la ocurrencia de un hecho muy grave que conmovió al conjunto de la sociedad colombiana y produjo graves consecuencias internas en la institución. Los medios de comunicación registraron con dolor la noticia de la violación y posterior asesinato de la niña Sandra Catalina Vásquez Guzmán, ocurrido dentro de la Tercera Estación de la Policía en el centro de Bogotá.

Aquí hago una pausa en el relato de la persecución de Pablo Escobar con el ánimo de reconstruir este doloroso y trágico episodio. En el Centro de Memoria, Paz y Reconciliación encontré un escrito de la periodista Diana López Zuleta titulado "Sandra Catalina, un colibrí en la memoria", que me parece pertinente transcribir a continuación:

En la cartografía de la memoria de Bogotá hay un lugar en conmemoración de la niña Sandra Catalina Vásquez Guzmán, violada y asesinada por un agente de policía el 28 de febrero de 1993.

Claudia Lancheros tenía diez años. Iba en la ruta hacia el colegio y llevaba en la mente a su compañera de pupitre. Tenía que ponerse de acuerdo con ella: debían portarse juiciosas esa semana que comenzaba.

Cuando atravesó el umbral de la puerta del salón, ya tarde, no entendió por qué todos estaban reunidos, con caras largas y cruzados de brazos, frente a la pizarra: la coordinadora de primaria, la rectora, las monjas y el psicólogo. Sus compañeras estaban calladas. Se sentó en el pupitre y se volvió para mirar a Sandra Catalina Vásquez Guzmán, pero el puesto estaba vacío.

Escarbó en la mirada de las niñas. Una de ellas se encogió de hombros y le hizo un ademán en el cuello con el que le dio a entender que Sandra ya no existía. Un sentimiento gélido de orfandad comenzó a bullir en su interior.

Desistió de preguntar. La ausencia explicaba el silencio; el frío se entremezclaba con el misterio de la mañana, la oquedad con el espíritu de Sandra, el aire con el peso de la resignación. ¿Acaso su belleza, sus correteos en círculos en el aula, su risa de Pájaro Loco –como su amiga Claudia la describe– habían desaparecido?

El pupitre donde ella se sentaba fue sacado del salón. En medio del mutismo, las niñas de quinto de primaria fueron conducidas a la capilla del colegio para rezar por su alma. Nadie entendía lo que había pasado. Algunas nunca habían escuchado la palabra "violación". El silencio se cernía como el grito de una bestia herida, el grito de una infancia destrozada.

Claudia imagina volver a aquellas tardes de risa y revolcarse bajo las sombras de los saucos y los pinos. Apenas hacía dos días habían jugado, también con su hermana Andrea Lancheros. Habían ido al lago, cerca del colegio campestre donde estudiaban.

Con sus manos entrelazadas jugaron en ronda y se carcajearon. Su amiga de nueve años, compañera de travesuras y exploraciones, estaba muerta.

***

El domingo 28 de febrero de 1993, Sandra Catalina salió, en compañía de su madre, a buscar a su padre, Pedro Gustavo

Vásquez, un suboficial que trabajaba en la Tercera Estación de Policía ubicada en el centro de Bogotá; necesitaban dinero para pagar el transporte escolar de la niña. La pareja estaba separada. Desde la entrada, Sandra creyó ver a su padre y se fue tras él. Su madre se quedó afuera esperándola. Habían pasado quince minutos y, angustiada porque su hija no salía, entró a buscarla. Recorrió los pasillos, gritó su nombre, pero ella no contestó. Al cabo, la encontró agonizando en el tercer piso, con signos de estrangulamiento y violación. La llevaron al Hospital San Juan de Dios, pero ya estaba muerta.

Cuando los investigadores fueron a recoger el material probatorio, la escena del delito había sido alterada: desaparecieron la hoja de la minuta de ingreso y levantaron muros donde no había. El asesinato y violación de Sandra ha sido calificado como crimen de Estado por el abogado de la familia, Alirio Uribe.

De manera muy temeraria, y sin ninguna investigación, Pedro Gustavo Vásquez, padre de Sandra, fue acusado del crimen y estuvo preso durante tres meses y medio, pero logró demostrar que no estaba en el lugar de los hechos y fue absuelto. Unos años después, la Policía tuvo que pedirle perdón e indemnizarlo, tras una sentencia que así lo ordenó.

En 1995, el agente de policía Diego Fernando Valencia Blandón confesó el crimen y fue apresado y enviado a la cárcel de Policía de Facatativá (Cundinamarca), pese a haber sido destituido de dicha institución. Una prueba de ADN practicada a los agentes que trabajaban en la estación determinó que Valencia Blandón fue el responsable. Condenado a 45 años de prisión, solo pagó diez y quedó libre en 2006. En esa época no existía el Código de Infancia y Adolescencia, que rige hoy, en el cual está prohibida cualquier rebaja de pena u otro tipo de beneficio para los agresores de los niños.

Si Sandra viviera, tendría 37 años. Ya adulta, cuando Claudia estudiaba en la universidad, se iba a un bar situado diagonal a la estación de policía donde mataron a su amiga. A medianoche, lanzaba botellas contra el edificio policial. Era su forma de exorcizar la impotencia, el desamparo. Imaginaba la destrucción del lugar, lo que ocurriría años más tarde cuando fue demolido y la familia invitada a dar los primeros martillazos.

La casa donde vivió Sandra Catalina está habitada por sus recuerdos. Su abuela Blanca Aranda, de 80 años, muestra decenas de portarretratos y cuadros por videollamada. Enfoca la cámara y comienza a relatar la historia de cada foto:

—Aquí fue el primer día que entró al jardín; aquí tenía cuatro meses, ella era una gorda hermosa. Aquí está cumpliendo ocho añitos, un año antes de que me la mataran —su voz y aliento se quiebran. Entonces para. Está temblando. Los labios se curvan e irrumpe en llanto.

Se enjuga las lágrimas, coge fuerzas y continúa narrando las anécdotas de su nieta:

—Aquí está con su triciclo, aquí está en Cartagena, aquí con sus muñecos, aquí el día que la bautizamos… Fue mi primera nieta, pero era como mi hija —dice estremecida.

Sandra Catalina, la que firmaba con la "S" de la clave de sol. La niña de ojos chispeantes, lustrosa cabellera, voz melodiosa, ojos almendrados, piel canela. La niña que leía poesía, la niña que llenaba de amor a su familia.

Blanca la imagina elevando cometas, manejando bicicleta, celebrando dichosa que había aprendido a pedalear: "Mami, mira, ya aprendí". También la recuerda cuando cada madrugada, al salir para el colegio, le gritaba desde la calle "Mami, te amo". La abuela sonreía desde la ventana: "Yo también te amo, mi amor".

"Ella dejó mucho amor. Mi Dios de pronto se la llevó porque la necesitaba allá", dice con un rictus de melancolía.

Desde que murió, dice la abuela Blanca, Sandra la visita todos los días en forma de colibrí. Aletea y la mira con ojos vivaces mientras toma agua de la alberca del jardín. Ahora ella pinta colibríes y adorna su casa con esas pequeñas figuras de colores.

Para la familia, el caso sigue en la impunidad. No hubo verdad y, aunque el policía haya confesado, no creen que haya sido él. Por la forma como ocultaron las pruebas, creen que hubo alguien más poderoso detrás. Hace unos años la Policía convocó a la familia a un acto de pedido de perdón pero ella se negó.

"Era una burla para nosotros", dice la abuela Blanca. "Ya no nos importa quién haya sido. Lo que nos importa es que haya memoria, que ese crimen y muchos más no queden en el olvido", agrega.

Frente a la estación de Policía, ya demolida, la familia de Sandra y sus amigas Claudia y Andrea Lancheros crearon en 2013 un jardín en su nombre. Es un monumento vivo para resignificar ese lugar de dolor, resarcir y dignificar la memoria de las niñas que han sido violadas y asesinadas. Además, ha sido una experiencia de sanación para la familia.

Veintisiete años después del crimen de Sandra, Claudia nos conduce al jardín. Cae una ligera lluvia y ella mira al oriente: las montañas están cubiertas de una densa bruma. Es una mañana fría y solitaria de cuarentena por la pandemia. Se acerca a la placa, grabada con el nombre de Sandra Catalina, arroja agua y la limpia con un paño. Acto seguido, toma el azadón y limpia las plantas y la tierra. Ahí, frente al espacio vacío del edificio de la policía, hay siemprevivas, rosas rojas, margaritas punto azul, cayenas, campanitas, amarantos, azaleas.

También se han sembrado arbustos y flores en nombre de otras víctimas. Hay un árbol dedicado a Yuliana Samboní, niña secuestrada, violada, torturada y asesinada por Rafael Uribe Noguera en diciembre de 2016, y otro a los tres niños asesinados por el subteniente del Ejército Raúl Muñoz en Arauca, en octubre de 2010. El jardín ha sido visitado por familiares de otras víctimas, como

Rosa Elvira Cely (violada, empalada y asesinada en 2012) y las madres de las víctimas de las ejecuciones extrajudiciales de Soacha.

"Yo quisiera que Sandra Catalina sea vista como un símbolo de la deuda que tiene el país con la infancia. Este jardín es como una forma de pedirle perdón a la infancia, es un lugar de conciencia para recordar a las víctimas, pero para decirle al país que nosotros no vamos a olvidar esos crímenes, que la paz del país pasa por respetar la vida y el cuerpo de las niñas y los niños", dice Claudia Lancheros.

"Catalina era muy especial. El jardín nos ha ayudado muchísimo a transformar esa impotencia, ese dolor, esa rabia, y queremos que mucha gente llegue ahí a reconciliarse con tanto dolor", menciona con expresión mustia Eliana Guzmán, tía de Sandra.

Claudia cita a Wangari Maathai, la primera mujer africana en ganar el Premio Nobel de Paz en 2004: "Debemos ayudar a la tierra a curar sus heridas y de la misma manera, curar nuestras propias heridas".

Las flores cambiarán de pétalos, se abrirán una y otra vez, las alzará el viento.

Sandra Catalina está viva: como el jardín en su memoria.

Una ciudadanía, acorralada e indignada por el terrorismo, que reclamaba airada ante las autoridades por la falta de protección, se veía asaltada por el atroz crimen de una niña dentro de una instalación policial. Después de tantos años, los policías estamos obligados a recordar este episodio que jamás debió ocurrir, sobre la base de que nunca será suficiente pedir perdón si permitimos que estos hechos se sigan repitiendo.

El gobierno, en cabeza del presidente Gaviria y del ministro de Defensa, Rafael Pardo, reaccionaron con prontitud y en los primeros días de marzo de 1993 le notificaron al país que la Policía sería objeto de una profunda reforma y que para ello se conformarían dos comisiones: la primera, externa, integrada por representantes de los distintos sectores de la sociedad; y la segunda, interna, conformada por policías en los distintos grados.

Las propuestas que surgieron de estas dos instancias fueron valoradas por el gobierno y convertidas en una nueva ley de Policía presentada a consideración del Congreso de la República. Este proceso se dio en el marco de una agitación periodística intensa, donde se hicieron visibles las debilidades de una institución que simultáneamente estaba pagando el costo de enfrentar al cartel de Medellín y arrastraba, por ejemplo, el dolor de las familias de cerca de quinientos policías que Pablo Escobar ordenó asesinar en Medellín.

A lo largo del siguiente año se puso a prueba el liderazgo del director general de la época, el general Miguel Antonio Gómez Padilla. Recuerdo que mientras sesionaba la comisión externa a la que el gobierno le fijó un plazo de cuarenta días para entregar sus conclusiones y recomendaciones, tuve la oportunidad de acompañarlo por petición suya a varias de esas discusiones. Tengo que confesar que, admitiendo que era necesaria esa profunda reforma estructural y funcional, me preocupaban algunas propuestas, como la de descentralizar la Policía porque perdería su carácter de policía única y nacional; también, la posibilidad de que el director de la institución dejase de ser un general oficial de carrera y su cargo fuese ejercido por un funcionario con origen político.

Al final, la ley que se presentó al Congreso me dejó tranquilo y satisfecho, aunque como en todo proceso organizacional hay que reconocer que con el paso de los años la Policía no termina de encontrar su identidad plena. Desde luego, estos comentarios no vienen al caso en este relato. Lo cierto es que en marzo y agosto de 1993 la Policía Nacional tenía la obligación de mantener la estabilidad institucional en medio de un proceso de cambio, y al mismo tiempo la obligación de responder ante el gobierno y la ciudadanía por la captura de Pablo Escobar.

Regreso al relato. Marzo de 1993 habría de marcar un antes y un después en la búsqueda del jefe del cartel de Medellín. Lo digo porque ese mes fue golpeado en todos los frentes: en el militar, en el financiero y en el jurídico. Voy a esbozar los hechos que sucedieron durante ese periodo porque me parece que reflejan el oscuro panorama que vivía Pablo Escobar, aunque, debo reconocer, el Bloque de Búsqueda y los demás componentes del CEC no habían logrado obtener el dato certero que los llevara a él.

En lo militar, el primero de marzo Escobar habría de perder a Hernán Henao, HH, su confidente y asesor durante años. Su confianza en él era tal que incluso fue administrador y jefe de personal de la Hacienda Nápoles desde finales de la década de 1970 hasta mediados de la década de 1980, en la época de mayor esplendor de Escobar en el mundo del narcotráfico. HH fue abatido por el Bloque de Búsqueda en una vivienda del barrio Laureles de Medellín, gracias a la información que suministró una persona que quería ganarse los cien millones de pesos que el gobierno ofrecía a quien entregara información cierta sobre el lugar donde se ocultaba.

Tres semanas después, Escobar recibió un golpe que a la postre sería definitivo. Un comando del Bloque de Búsqueda abatió a Mario Alberto Castaño Molina, el Chopo, el feroz jefe militar del cartel, sucesor de Tyson y responsable de innumerables secuestros y atentados terroristas.

El delincuente fue localizado al mediodía del 19 de marzo en el edificio del Banco Comercial Antioqueño situado en el sector de Junín y Maracaibo, en pleno corazón de la ciudad. El Chopo habitaba un lujoso apartamento en el piso 20, hasta donde llegaron ocho hombres del Bloque de Búsqueda, guiados por Luis Fernando Acosta, Juan Caca, un sicario del cartel capturado días atrás y quien aceptó colaborar con la justicia.

La noticia de la caída del Chopo fue ampliamente cubierta por los medios de comunicación. Y no era para menos, porque, guardadas las proporciones, él era para Escobar lo que el Mono Jojoy significaba para las Farc. Es que el Chopo encarnaba la primera línea operacional del cartel porque era violento a la hora de cumplir las órdenes de Escobar, al tiempo que era respetado y querido por la delincuencia en Medellín. Sin duda alguna tenía una cercanía notable a Pablo Escobar, quien valoraba su lealtad a toda prueba. Era, además, uno de los pocos sicarios que se daba el lujo de decirle Pablo a Pablo y no Patrón, como los demás.

En las operaciones desplegadas por los distintos componentes del CEC también fueron capturados Guillermo Sosa Navarro, Memobolis; Luis Fernando Acosta Mejía, Ñangas; Juan Guillermo Ramírez, Volador; y Luis Fernando Córdoba Vélez, Vanessa.

Lo que notamos inmediatamente después de la neutralización del Chopo y la detención de los otros cuatro terroristas, fue que empezó a desgranarse la cohesión entre quienes cumplían el papel de proteger a Escobar. Primero nos dimos cuenta de que había un cierto temor de quienes estaban en las calles a establecer contacto con él y luego una especie de silencio en las comunicaciones y entre los estafetas o correos humanos.

En el frente financiero, Escobar se quedó sin un importante sostén porque el primero de marzo en la noche se entregó el arquitecto Diego Londoño White, a quien la Fiscalía había dictado orden de captura por concierto para realizar actividades en favor del narcotráfico. Según reportaron los medios de comunicación con base en informes de la Fiscalía, Londoño era el encargado de señalar los nombres de personas prestantes de Medellín para que Escobar las secuestrara.

Londoño se sometió a la justicia después de que los enemigos de Escobar asesinaran a uno de sus hermanos y destruyeran la finca La Corona, donde él se encontraba, pero logró escapar*.

A estos hechos, atribuidos públicamente por los Pepes, me referí en el informe que rendí ante el CEC el primero de marzo de 1993.

La organización Perseguidos por Pablo Escobar incrementó sus acciones durante la última semana afectando gravemente a la familia Londoño White al incendiar la casa quinta en Llano Grande de Fernando Londoño y asesinar el día de hoy a su hermano Luis Guillermo Londoño. Los efectos de esos hechos delictivos empiezan a repercutir y se han prestado para cualquier tipo de especulación especialmente en la ciudad de Medellín.

No obstante la consideración anterior, el gran despliegue de fuerza pública y las operaciones cumplidas en la semana que terminó, contribuyeron de manera sustancial a elevar la imagen del gobierno y del Bloque de Búsqueda. Así mismo, han rescatado la confianza ciudadana, que se muestra más dispuesta a colaborar con las autoridades. En forma paralela, el perfil de los autodenominados Pepes resultó opacado por el protagonismo de la fuerza pública.

El otrora poderoso aparato jurídico de Escobar también se convirtió en objetivo de los Pepes, que se empeñaron en evitar su entrega a la justicia, una posibilidad que había gravitado desde el momento mismo de su fuga en julio de 1992. La oleada de ataques contra los abogados del capo inició el 4 de marzo de

---

* Diego Londoño White fue condenado a catorce años de prisión, de los cuales permaneció ocho en la cárcel. Quedó en libertad en febrero de 2002 y en noviembre de ese mismo año fue asesinado por un sicario en el barrio El Poblado de Medellín.

1993, cuando fue asesinado Raúl Zapata Vergara, quien además de asesorarlo en cuanto a su sometimiento, también había supervisado la frustrada salida del país de sus hijos a Miami. Los medios de comunicación informaron que encima del cuerpo del jurista los homicidas dejaron un cartel con amenazas contra los también abogados de Escobar: Gilberto Gómez, William González, Santiago Uribe y Salomón Lozano.

Las convulsiones propias de aquella época tan compleja en el país no serían suficientes para explicar el porqué de una inesperada declaración del fiscal general, Gustavo de Greiff, que causó profundo malestar en el CEC y en general en todas las instituciones que tenían que ver con la búsqueda de Pablo Escobar. El 23 de marzo fue entrevistado por los periodistas a la salida de una sesión del Congreso y fue muy crítico de nuestro desempeño en las operaciones contra el capo. "Muchas veces la persecución de Pablo Escobar se ha truncado porque es posible que haya síntomas de corrupción, ineficiencia y cobardía en las fuerzas encargadas de esa misión".

La declaración del funcionario causó una tormenta en el país y desde diversos sectores, tanto políticos como judiciales, salieron a criticar al Bloque de Búsqueda y hasta a pedir su disolución. La situación se puso tan complicada que el ministro de Defensa Pardo y el general Vargas Silva tuvieron que viajar a Medellín a hacer control de daños y darles un mensaje de apoyo a los centenares de hombres y mujeres de la fuerza pública que todos los días exponían sus vidas en la persecución del criminal más peligroso del mundo. Sobre esa visita escribí el siguiente reporte en el informe al CEC del 26 de marzo de 1993:

> Hoy más que nunca es importante mantener el entusiasmo, la mística y la fe en la misión que el gobierno y la institución les ha asignado a los componentes del Bloque de Búsqueda.

Solamente manteniendo la unidad será posible multiplicar los esfuerzos y acrecentar la fortaleza que ha caracterizado al personal del Bloque.

Los resultados obtenidos son muestra fehaciente de la capacidad profesional, valor y honestidad de los oficiales, suboficiales, agentes y demás funcionarios comprometidos en la búsqueda del señor T y sus secuaces.

El país espera con ansiedad que se produzca el resultado final contra el cabecilla del cartel de Medellín, circunstancia que nos obliga a redoblar todos los esfuerzos para llegar a un final exitoso.

El personal que ha participado en las tareas de búsqueda y neutralización de los narcoterroristas capturados o dados de baja puede tener la certeza de que el país y la institución los premiará como es debido.

Las opiniones sobre la eficiencia y capacidad del Bloque de Búsqueda son generalizadas y han sido permanentemente respaldadas por los medios de comunicación, motivo por el cual estamos en la obligación de seguir dando demostraciones de honestidad, valor y eficacia.

Resultaría inadmisible incurrir en errores operacionales en la fase más crítica del proceso de búsqueda y captura del cabecilla del cartel, motivo por el cual los estoy exhortando para que se incrementen las operaciones y no se permita el propósito anunciado por el señor T de reconstruir su estructura terrorista.

Las operaciones continuaron inalterables, pero en los primeros días de abril de 1993 recibimos información confiable de que Escobar estaba protegido por un nuevo grupo de escoltas, renovado tras las entregas y las bajas de varios de quienes lo habían acompañado por años. Otras fuentes confidenciales aseguraron que el capo se había radicado definitivamente en

Medellín y que se movilizaba en las noches a bordo de un vehículo Renault 4 de color beige y de un Chevrolet Sprint. Su único acompañante sería Alfonso León Puerta, Angelito, y portaban un teléfono móvil.

También recibimos indicios de que, tras la muerte del Chopo, Escobar habría decidido restructurar su aparato armado con el fin de reanudar los ataques terroristas porque estaba convencido de que solo de esa manera lograría condiciones favorables para negociar un nuevo sometimiento.

Tristemente, esas informaciones habrían de confirmarse al mediodía del jueves 15 de abril con el estallido de un carro bomba frente al Centro 93, en la calle 93 con carrera 15, un concurrido centro comercial del norte de Bogotá. El golpe fue demoledor. Ocho personas murieron y más de doscientas resultaron heridas, al tiempo que cerca de un centenar de locales comerciales y 36 vehículos sufrieron serios daños. Para nosotros fue doloroso comprobar que Escobar mantenía la capacidad de hacer daño, de crear zozobra, de parecer invencible.

Ya en perspectiva, no tengo duda de que, así como en su momento comparé la importancia del Chopo con la del Mono Jojoy, creo que la gravedad del atentado en la calle 93 es equiparable al ocurrido en 2002 en el Club El Nogal. Lo digo porque en los dos casos se trató de ataques premeditados al corazón de la sociedad bogotana, de golpear a las élites, así entre las víctimas hubiese personas de todas las condiciones sociales.

Recuerdo que las primeras conjeturas nos llevaron a pensar que la bomba iba dirigida contra la revista *Semana*, ubicada a pocas cuadras de allí, en razón a que ese medio de comunicación había dedicado muchas páginas al tema del cartel de Medellín y a la localización de Pablo Escobar. Este atentado en un lugar privilegiado del norte de Bogotá produjo un rechazo generalizado y se convirtió en una demostración clara de que el terrorismo de

Escobar parecía incontenible. Justo por esos días salió publicada una columna escrita por Enrique Santos Calderón en el periódico *El Tiempo* en la que formuló muy fuertes cuestionamientos al gobierno y a las fuerzas institucionales responsables ya no solo de capturar a Pablo Escobar sino de evitar la tragedia que este producía desde la clandestinidad. Cómo entender que un fugitivo desafiara al Estado como lo acababa de hacer, instalando en el centro 93 una carga explosiva tan letal. Y como si fuera poco, los cuestionamientos a la Policía por la supuesta violación a los derechos humanos asociadas al asesinato de la niña Sandra Catalina Vásquez crecían de manera exponencial.

La búsqueda de los responsables del atroz atentado llevó a los investigadores a la cárcel de máxima seguridad de Itagüí, donde estaban recluidos más de treinta integrantes del cartel de Medellín que se sometieron de nuevo a la justicia o que fueron capturados. De tiempo atrás se había recibido información según la cual los reclusos habían continuado en sus andanzas criminales y desde allí ayudaban a reorganizar el aparato terrorista de Escobar.

La cárcel fue allanada cuatro días después del atentado en Bogotá y en su interior fue encontrada información valiosa, aunque no surgieron pistas sobre el paradero de Escobar. Los hallazgos fueron detallados en un informe que envié al CEC el 25 de abril de 1993:

Los documentos hallados en una caleta del escritorio de Roberto Escobar (hermano de Pablo Escobar) en la cárcel de Itagüí permiten concluir lo siguiente:

El cartel promueve a partir de 25 casos relacionados en uno de los documentos, una campaña de desprestigio contra la Policía Nacional. Por la anotación que titula en escrito se deduce que pretende presionar a la Procuraduría General de la Nación.

Roberto Escobar ha suministrado información a la DEA que compromete al cartel de Cali.

Los narcoterroristas presos en la cárcel de Itagüí han identificado con precisión a los delincuentes que consideran sus mayores enemigos.

Los delincuentes han optado por un sistema de contabilidad que detalla pormenorizadamente cada uno de los gastos que se ordenen desde la cárcel de Itagüí.

En el registro en la cárcel de Itagüí se encontraron cuatro muebles con caleta y un teléfono móvil que estaba dentro de una grabadora.

La confirmación de que los lugartenientes de Escobar seguían delinquiendo, llevó a la Fiscalía a ordenar el traslado inmediato de varios de ellos, empezando por John Jairo Velásquez Vásquez, Popeye, quien fue recluido en la Cárcel Modelo de Bogotá.

La bomba en el Centro 93 produjo un coletazo relevante por aquellos días, cuando los Pepes, en retaliación por el atentado, agudizaron la persecución contra los abogados del capo. Y no lo hicieron con cualquiera. El reconocido abogado Guido Parra, quizás el más activo públicamente entre el grupo de sus defensores, y su hijo Guido, fueron secuestrados en la mañana del 16 de abril por hombres armados que los sacaron de su apartamento en el barrio Santa Teresita de Medellín. Horas más tarde aparecieron muertos cerca del Club de La Diez, un lugar situado entre el barrio Loreto y la vía a Las Palmas. Estaban en la cajuela de un taxi, maniatados y amordazados[*].

* En junio de 1994, el jefe paramilitar Carlos Castaño, integrante de los Pepes, dio una entrevista en la revista *Semana* en la que entre otros temas se refirió a la muerte del abogado Guido Parra. Esto dijo: "El caso de Guido Parra sí fue un error lamentable. Hubo precipitud en la operación. No se manejó este hecho

Días atrás también habían sido baleados los abogados Juan David Castaño y María Victoria Muñoz Roque, quienes representaban a Roberto Escobar y a Arete, respectivamente, así como a varios delincuentes del cartel de Medellín recluidos en ese centro carcelario. Los juristas acababan de visitar a sus clientes en la Cárcel Modelo de Bogotá.

El asedio al círculo jurídico de Escobar desencadenó finalmente la renuncia de los pocos abogados que le quedaban, con lo cual era previsible que su tan mentada reentrega quedara en el aire. Santiago Uribe Ortiz, José Salomón Lozano y Reynaldo Suárez, anunciaron que no continuarían defendiendo al capo por falta de garantías.

El asesinato indiscriminado de los abogados del capo, pero principalmente el de Guido Parra, atribuido directamente por los Pepes en un comunicado, generó una reacción contra el gobierno y contra las fuerzas que perseguían a Escobar por la aparente permisividad con que ejecutaban los golpes contra el capo. El asunto tomó tal dimensión que, tras la muerte de Parra, la Casa de Nariño expidió un durísimo pronunciamiento contra esa organización ilegal y ofreció mil millones de pesos de recompensa por sus principales cabecillas.

---

con la debida prudencia por parte de un sector de la organización. Lamentablemente yo me encontraba ausente, sin que al decir esto quiera eludir mi responsabilidad. Pero también en la guerra se cometen excesos. Sin embargo, hay que entender que esto no ocurrió gratuitamente. Se recibió la información en el comando operativo de los Pepes de que Guido Parra tenía contacto directo con Pablo Escobar y que le servía de enlace en actividades de inteligencia y como consejero para sus escondites y otras operaciones. Hoy sabemos que fuimos desinformados por el propio Pablo Escobar y sabemos también que el doctor Guido Parra ya no era ni siquiera su abogado y que además tenían diferencias porque Escobar le debía una gran suma por honorarios pendientes. Fuimos víctimas entonces de la maniobra de Escobar para hacernos aparecer ante la opinión pública como vulgares asesinos de personas inocentes. Esta fue otra de sus estrategias de guerra".

Los Pepes asintieron el golpe y días después anunciaron su desactivación completa, con el argumento de que ya habían cumplido los objetivos militares previstos contra el jefe del cartel de Medellín. (Véase capítulo siete).

El siguiente movimiento de Escobar dejó en claro que la bomba en el Centro 93 le había dado nuevas ínfulas para insistir en someterse a la justicia, pero bajo sus condiciones. El 29 de abril, dos semanas largas después del atentado, envió un nuevo y extenso mensaje al fiscal De Greiff en el que se refirió a la desactivación de los Pepes y otra vez se mostró dispuesto a entregarse. Estos son algunos apartes del mensaje:

> Fidel Castaño Gil, Carlos Castaño Gil, José Santacruz Londoño, Helmer Herrera Buitrago y los hermanos Rodríguez Orejuela, en compañía de algunos oficiales de la Policía y del DAS, según comunicado, han decidido poner fin a su organización paramilitar y narcoterrorista autodenominada los Pepes. Es una simple estrategia que sólo busca que el gobierno retire un pequeño aviso de recompensa sin foto de la televisión de Colombia. (…) Fidel Castaño jamás desarticuló su organización paramilitar y la mejor prueba de ello es que aún continúan los asesinatos de sindicalistas y reactiva actualmente sus grupos paramilitares en el Magdalena Medio. (…) Los Pepes tienen su sede y su centro de tortura en la casa de Fidel Castaño, localizada en la avenida El Poblado, cerca del Club Campestre y con otra entrada por el barrio El Diamante, a escasos 40 metros de una casa incendiada a una de mis familiares. (…) Yo sigo dispuesto a presentarme si se me dan garantías escritas y públicas y así la Fiscalía no tendría necesidad de recurrir a testigos falsos, como los del caso de Galán. Yo puedo responder por mis hechos, pero a Galán no lo maté yo, señor fiscal; a Galán también lo mató Fidel Castaño en un complot de derecha que yo podría demostrar perfectamente.

Inmediatamente conocimos la carta nos ocupamos en examinar su contenido y el siguiente 9 de mayo, luego de verificar su autenticidad escribí un informe para el CEC con varios puntos importantes:

Análisis grafotécnicos y grafológicos elaborados por especialistas en criminalística señalan que el señor T enfrenta un problema de inseguridad, de depresión, de incoherencia. Lo anterior se concluye como resultado de análisis comparativos de los escritos anteriores del prófugo.

Informaciones en proceso indican que la familia Ochoa Vázquez ha buscado a través de contactos aún no identificados, persuadir al señor T para que se entregue a las autoridades. Se tiene conocimiento de que existe mucho optimismo por parte de Fabio Ochoa, quien asegura que si logra convencer al señor T para que se someta nuevamente a la justicia, sus hijos resultarán muy favorecidos para negociar eventuales rebajas de pena.

Se han incrementado los rumores que señalan que los servicios de escolta y protección del señor T los cumplen miembros de su familia, primos y parientes, que se han responsabilizado de la construcción y custodia de las caletas.

En las siguientes semanas el mutismo de Escobar fue total. Su rastro se perdió completamente y aunque las operaciones siguieron su curso, las pistas que llegaban, tanto de informantes como del seguimiento a personas supuestamente cercanas al capo, no conducían a nada en concreto.

Los días pasaban sin mayores resultados y nuevamente empezaba a notarse el escepticismo en la opinión respecto de la eficacia de las operaciones de búsqueda. Ante ese panorama, el 22 de junio, once meses exactos después de la fuga del capo, hice un extenso resumen del avance de las operaciones. Este es un extracto del documento de trece páginas que envié al CEC.

Desde la baja de Mario Alberto Castaño Molina, alias el Chopo, el pasado 19 de marzo, uno de sus últimos hombres de confianza, el señor T entró en un silencio que fue interpretado como el aislamiento extremo al que se veía sometido. Recientemente, las informaciones obtenidas dan cuenta de que ha permanecido oculto en un solo sitio desde esa fecha, hipótesis viable si se tiene en cuenta que para ese entonces había perdido la compañía de sus mejores hombres, quienes le garantizaban la movilidad con cierta comodidad para evitar la acción de las autoridades.

Los últimos manuscritos conocidos, así como versiones conocidas por actividades de inteligencia, han permitido establecer que su estado anímico no es el mejor, denotando la expresión de un hombre que se considera en franca derrota, pero que no por ello deja de ser menos peligroso. No se conoce a la fecha algún indicio que permita corroborar una posición en contrario, percibiéndose solamente preocupación manifiesta por la situación y futuro de su familia.

Después de su último pronunciamiento en carta dirigida al fiscal (Gustavo de Greiff) de fecha 24 de abril, no se ha vuelto a detectar ningún comunicado o correo suyo.

También llama la atención su silencio frente a hechos tan cercanos y graves como el secuestro de su sobrino, Nicolás Escobar, el 17 de mayo, y la muerte de su cuñado, Carlos Henao Vallejo, ocurrida en Medellín el 4 de junio.

No era un exceso de optimismo. El informe, la foto de ese momento, reflejaba la realidad de la persecución, que desde comienzos de ese año había sido una especie de montaña rusa en la que el capo asestaba golpes letales, al tiempo que el Estado a través del CEC y particularmente de uno de sus componentes, el Bloque de Búsqueda, había diezmado su aparato criminal.

El lector se preguntará con sobrada razón porqué si Pablo Escobar no había sido localizado, mi informe de ese junio de 1993 planteaba claramente el deterioro del cartel como organización y del capo como su cabeza máxima. La respuesta es que el cúmulo de sucesos ocurridos durante el primer semestre de ese año marcaron la senda que llevaría al desenlace final. El problema era que nosotros sabíamos que el declive del delincuente era real, palpable. Pero afuera, en la calle, la paciencia se estaba agotando.

CAPÍTULO 5

Las batallas decisivas

A comienzos de julio de 1993, el silencio de Pablo Escobar era desconcertante. Aun cuando en la retina de la opinión el capo mantenía latente su capacidad de desestabilizar al país con atentados terroristas como el ocurrido en abril anterior en el Centro 93, en el Comando Especial Conjunto se tenía la certeza de que la muerte del Chopo había sido letal para él porque no solo se había quedado sin aparato militar, sino que ahora estaba acompañado escasamente de un puñado de sicarios.

La información de inteligencia obtenida por el Bloque de Búsqueda no dejaba margen de duda de que, más que una estrategia pensada o calculada, el silencio de Escobar era consecuencia de haber perdido los eslabones más importantes de su organización. Hasta ahí, todo bien. Lo malo era que de repente se habían acabado los informantes, la intercepción de llamadas, los correos humanos. Nada. No creo equivocarme si afirmo que julio de 1993 fue el peor mes para el Bloque de Búsqueda.

Lo último que se supo del capo fue la carta –que mencioné en el capítulo anterior– que le envió al fiscal Gustavo de Greiff el 29 de abril, después del atentado al centro comercial bogotano y del anuncio de la desactivación de los Pepes, en la que volvió a abrir la puerta de un nuevo sometimiento a la justicia.

De cierta manera, según interpretó el CEC, el mensaje al fiscal había sido una muestra de debilidad y prueba de ello es que Roberto Escobar había hecho saber que asumiría el papel de negociador de la entrega de su hermano. Esa especie de vocería empezó a andar el 24 de junio, cuando el recluso acompañó al fiscal De Greiff a un inusual recorrido por las instalaciones de ese centro carcelario. La extraña visita del funcionario fue interpretada como una señal de que en algún momento el jefe del cartel podría llegar a ese lugar, como ya se había señalado en el seno del CEC y en algunos documentos que yo proyecté.

El siguiente paso en esa vía ocurrió el 15 de julio siguiente, cuando Roberto Escobar envió un sobre con varios documentos a la sede de la Conferencia Episcopal en Bogotá, cuyo destinatario era monseñor Darío Castrillón, en aquel momento obispo de Bucaramanga. Al parecer, se trataba de papeles relacionados con la participación de la iglesia y del prelado en las negociaciones encaminadas a lograr el sometimiento del capo. No era el primer contacto que sostenían monseñor Castrillón y Pablo Escobar, porque en septiembre de 1992 se reunieron en un lugar secreto, a petición de algunas personalidades que querían evitar nuevas oleadas terroristas en el país. Luego, a comienzos de 1993, el prelado anunció públicamente su disposición de colaborar en la eventual entrega del jefe del cartel de Medellín.

Pese al mutismo de Escobar, los diversos componentes del CEC continuaron la tarea operacional y de inteligencia y en esas semanas de julio lograron saber que él permanecía largos periodos en un solo sitio y que su familia, es decir, su esposa, su hijo mayor, sus hermanas y sus cuñadas, habían asumido un papel más activo para protegerlo y suministrarle la logística que necesitaba en sus escondites y en sus ya muy esporádicos desplazamientos. Por esa razón, en el informe al CEC de 16 de julio de 1993 referí lo siguiente:

Destinar una unidad exclusiva para desarrollar inteligencia y establecer un control específico sobre el círculo familiar y social que rodea al señor T.

Esta operación busca ampliar el nivel de especialización del dispositivo empleado en el Bloque de Búsqueda, impidiendo su anquilosamiento y distracción por la aparición de objetivos de menor categoría. Una vez se han superado los escalones iniciales del proceso de neutralización de la organización, se requiere desplegar el mejor recurso humano para dar la puntada final.

A esta altura de la operación se requiere operar solo cuando se cuente con plena seguridad de alcanzar el éxito, previniendo acciones apresuradas que delaten la estrategia escogida y que desgasten la credibilidad de la unidad por la misma expectativa que genera.

El informe también indicaba con claridad que la manera en que se estaban dando los allanamientos y las distintas operaciones, como retenes y detenciones, enviaban un mensaje de que el Bloque de Búsqueda y el Comando Especial Conjunto habían cambiado sus procedimientos para hacerlos más transparentes. Lo que se buscaba era evitar las constantes críticas desde ciertos sectores hacia el Bloque, promovidas también por Escobar, quien se quejaba constantemente en sus comunicados de que la acción de la fuerza pública era arbitraria y violatoria de los derechos humanos.

Terminando el mes de julio de 1993 estábamos frente a una especie de guerra de resistencia en la que era evidente que las instituciones en general y el CEC en particular, tenían más capacidad de aguantar que el propio Escobar. Aseguro esto porque el delincuente ya vivía el drama personal de verse traicionado o abandonado por sus mejores amigos, que optaron por aliarse con los Pepes. También era evidente que su enorme riqueza había disminuido en forma dramática. Como si fuera poco, cada vez eran menos los socios, amigos y hasta enemigos que pagaban la cuota que él les obligaba a entregar, ya fuera para dejarlos vivir o permitirles traficar.

El panorama actual nos indicaba que, aunque él no apareciera, el Bloque de Búsqueda, el CEC y el gobierno tenían que prepararse para conducirlo a un laberinto del que no tuviera salida. Mientras pensábamos en eso, la poca información que llegaba apuntaba a señalar que el capo quería poner a su familia a buen recaudo para sustraerla de los peligros que implicaba la confrontación.

Por cuenta del aislamiento de Escobar, la atención se concentró entonces en la cárcel de Itagüí, convertida en epicentro de los contactos de la tan mentada entrega. Esa relevancia pública llamó la atención de los enemigos de Escobar, que asesinaron a un hombre que le suministraba la alimentación a Roberto Escobar y a Óscar González Franco, hermano de Otoniel, Otto, uno de los principales lugartenientes del jefe del cartel de Medellín recluido en esa prisión.

Aunque ninguna organización reivindicó estos crímenes, era inevitable pensar que los Pepes estaban detrás de su ejecución. La información obtenida por la Fiscalía señalaba de manera inequívoca que esa organización clandestina había incumplido la palabra empeñada en abril anterior, cuando anunció su desactivación. Como el objetivo ahora era Roberto, los medios de comunicación reportaron el extraño secuestro de su hijo Nicolás, quien permaneció durante cinco horas en poder de un grupo armado desconocido, pero luego fue dejado en libertad sin explicación alguna. Nunca se supo la razón del plagio, pero el siguiente ataque sí fue una clara señal de que sus enemigos no lo querían como intermediario de la entrega de su hermano. Me refiero a Terremoto, su bien más preciado, el caballo reproductor más famoso de la época, avaluado en un millón de dólares, que había desaparecido y devolvieron castrado.

Incinerar la colección de carros antiguos de Pablo o hacerle daño al caballo de Roberto, parecían pasajes adaptados del guion de la película *El padrino*, pero no eran otra cosa que aterradoras tretas mafiosas que buscaban arrinconar a Escobar y a su entorno. Lo del caballo es muy significativo. Esa es una escena, digamos, tremendamente impactante en la historia criminal, de literatura policiaca; y era evidente que sus enemigos estaban resueltos a ir a las entrañas del cartel de Medellín, aunque eso significara violentar las reglas de cualquier guerra. Claro, Escobar las había desconocido en el pasado, cuando se metió con las familias de los policías y de sus socios.

Entonces, lo que hicieron los Pepes fue cegarlo. Creería que aquí hubo de todas maneras una especie de acción suicida de los Pepes, que se la jugaron a fondo al tocar las fibras más sensibles de Pablo Escobar. El efecto fundamental de esa ofensiva fue desequilibrarlo psicológicamente, quebrar al que hasta ese momento era un calculista, un estratega criminal. Me parece que las acciones de los Pepes lo sacaron de esa lógica y lo volvieron reactivo, inseguro, y aumentaron sus rabias y sus odios, que de alguna manera terminaron por sacarlo de sus casillas.

Ahora, está claro que mientras los Pepes avanzaban en su estrategia de deteriorar la psiquis del capo, de golpearlo, así esos golpes tuvieran un valor simbólico, la verdadera, la real afectación corrió por cuenta de la Policía. El Comando Especial Conjunto, el Bloque de Búsqueda y la Policía en general, le asestaron golpes que debilitaron y desmantelaron esa especie de estado mayor del cartel de Medellín.

Tras los renovados ataques de los Pepes a Roberto Escobar y a la familia de Otto, los presos en Itagüí reaccionaron airados. Así, Roberto Escobar le dijo verbalmente al inspector de la cárcel que su hermano vengaría las dos muertes asesinando a la familia del comandante del Bloque de Búsqueda. Además, los reclusos se dedicaron a enviar cartas buscando frenar la oleada de ataques. La primera fue para el defensor del Pueblo, Jaime Córdoba Triviño, y en ella mencionaron las identidades de al menos treinta personas que según ellos hacían parte de los Pepes. Otra carta fue enviada al procurador regional de Antioquia, en la que, además de señalar quiénes eran los Pepes, incluyeron los nombres de al menos medio centenar de sus víctimas. Y una más al presidente César Gaviria en la que insistieron en sus señalamientos contra el comandante del Bloque de Búsqueda y responsabilizaron al gobierno por la integridad de las familias de los presos recluidos en la cárcel de Itagüí.

Desde luego que la situación era compleja, pero resultaba inaceptable suponer siquiera que algún alto mando del Bloque de Búsqueda tuviera algo que ver con los hechos ocurridos. Como ya mencioné, el CEC y sus componentes habían modificado sus protocolos de funcionamiento, que ahora eran examinados de cerca por los organismos de control. Sobre esta situación en Itagüí escribí lo siguiente en el reporte al CEC del 30 de agosto de 1993.

> Se tiene conocimiento que el señor T y su hermano Roberto han recurrido a una estrategia de desinformación encaminada a restarle credibilidad a los mandos que dirigen las operaciones de búsqueda. Fuentes dignas de todo crédito han expresado que el objetivo primordial es comprometer penal y disciplinariamente a los oficiales del Bloque de Búsqueda que los narcoterroristas consideran sus mayores enemigos.
>
> Las recientes cartas enviadas por los reclusos de la cárcel de Itagüí parecerían tener como finalidad disminuir la presión, los sistemas de control y las actividades de inteligencia que en

la actualidad se desarrollan contra miembros del cartel de Medellín. Sobre este particular conviene recordar que en forma reiterada el señor T ha denunciado sistemáticamente a las autoridades que lo combaten, procurando limitar sus procedimientos y cuestionando su legitimidad.

Una cercanía definitiva

El ambiente hostil que se percibía en torno al Bloque de Búsqueda no afectaba nuestra permanencia en Residencias Tequendama, que hasta cierto punto era apacible. Aun así y por mera precaución, durante el tiempo que estuvimos allí al menos cuatro veces cambiamos de *suite* dentro del mismo complejo hotelero. Eran traslados engorrosos porque se debía montar nuevamente la oficina de fachada, adecuar espacios para los equipos y habilitar las habitaciones.

Recuerdo que solo una vez hubo una alerta de evacuación provocada por la posibilidad de que estallara un artefacto explosivo en el restaurante del piso treinta. Yo no estaba allí en ese momento, pero valoré enormemente el comportamiento de María Emma Caro, quien, pese a la posibilidad de un atentado terrorista, decidió permanecer en la oficina de fachada. Mientras huéspedes, empleados y clientes bajaban por las escaleras de emergencia, ella no se movió de ahí porque pensó que la amenaza podría ser una maniobra de distracción para incursionar en la *suite* donde funcionaba la Secretaría Técnica del Comando Especial Conjunto. Fue muy importante lo que hizo porque protegió documentos clasificados que contenían la memoria más reciente de la persecución de Pablo Escobar. Eso sí, aunque María Emma estaba sola y podía dar la sensación de vulnerabilidad, lo cierto es que estaba muy bien preparada para repeler un posible ataque, que por fortuna no ocurrió.

123

Pese a la lentitud en la obtención de indicios sobre el paradero de Escobar, la oficina de fachada nunca bajó la guardia. María Emma y los tenientes Álvaro Gómez y Hugo Martínez –el hijo del general Hugo Martínez Poveda, comandante del Bloque de Búsqueda–, continuaban en la tarea de verificar las versiones de los informantes y procesar las llamadas telefónicas y las cartas que llegaban al correo postal.

En medio de ese día tras día, me llamaba la atención observar la cercanía que había surgido entre María Emma y Hugo. Él le hablaba de su familia, de sus hijos, de su preocupación por el peligro que encarnaba Pablo Escobar, del futuro incierto, de su deseo de contribuir a darle una buena noticia al país. Eran dos jóvenes unidos en un aprendizaje mutuo que muy pronto habría de dar el resultado que tanto esperábamos.

En medio de ese ambiente que podría calificar como de camaradería, era interesante observar que, al tiempo que él realizaba la compleja misión de filtrar las cartas que llegaban desde diferentes lugares del país, de estudiar a distancia para ascender al siguiente grado, el de capitán, mantenía su empeño en aprender más y más sobre inteligencia electrónica, descifrar el funcionamiento de los sofisticados aparatos que interceptaban llamadas, entender cómo se desplazaban las ondas electromagnéticas. Y durante semanas estudió un libro que había recibido de una agencia extranjera que enseñaba técnicas de inteligencia electrónica, comunicaciones, frecuencias, etcétera. También obtuvo los últimos mapas topográficos del valle de Aburrá y de Medellín en particular y se concentró en examinar en qué lugares específicos podrían cortarse las ondas de radio.

Él sabía de la premura que estábamos viviendo con la búsqueda de Pablo Escobar y de ahí su interés en aprender todo lo que estuviera a su alcance porque tenía la certeza de que en algún momento podría ayudar en esa tarea.

En forma paralela al quehacer diario, el teniente Martínez también le enseñó a María Emma diversas técnicas para descifrar lo que los delincuentes querían decir en sus conversaciones clandestinas. El gran secreto consistía en sacar el mejor provecho de cada uno de esos diálogos porque, por lo general, eran breves y en clave y se producían en cualquier momento del día o de la noche. Él insistía en aprovechar los segundos que durara la conversación, capitalizar lo que dijeran, entender la asociación de palabras, identificarse con la jerga de los interlocutores. Los *tips* eran muy útiles y yo observaba que ellos hacían un muy buen equipo de trabajo.

Los días pasaban y en algún momento escuché cuando el teniente Martínez comentó que quería acción y participar del rastreo de Escobar, pero en Medellín, porque sentía que estaba listo para contribuir en la búsqueda. No obstante, sabía del gran escollo que tenía en frente: su padre.

Convencido del paso que quería dar, el teniente Martínez le pidió a María Emma que, en algún momento, cuando estuviera hablando conmigo, me dijera que él sería más útil en Medellín y que otra persona podría hacer lo que él hacía en Bogotá. En otras palabras, quería un empujoncito.

Por aquellos días de finales de agosto y comienzos de septiembre de 1993 seguíamos recibiendo muy poca información sobre el paradero del capo, pero aun así los datos fragmentarios que obtenía el Bloque de Búsqueda resultaban de mucha importancia. Por eso me llamó la atención un reporte de inteligencia que daba cuenta de la posibilidad de que Escobar estuviera pensando muy en serio en refugiarse en la guerrilla y más concretamente con un frente del ELN con el que habría entrado en contacto. Ya a comienzos de año él había dado unas puntadas en esa dirección al anunciar la creación de un movimiento de corte subversivo que bautizó como Antioquia Rebelde. Tras evaluar el comunicado de enero y las nuevas pistas al respecto, hice un pequeño reporte al CEC:

No se descarta la posibilidad de que un tipo de alianza de este tipo se llegue a presentar, más aún en el caso de que los actores comprometidos lleguen a encontrar intereses coincidentes. En el pasado ya se han presentado alianzas de este tipo y recientemente se cuenta con evidencias de la participación directa de testaferros de la guerrilla en empresas fachada del narcotráfico. La acción que el gobierno ha venido desplegando contra la guerrilla justificaría un acercamiento entre estos dos focos de violencia para unir fuerzas en torno al 'enemigo en común'.

Entre tanto, el teniente Martínez ascendió a capitán Martínez y un día cualquiera se acercó y me pidió el favor de hablar con su padre, tranquilizarlo y convencerlo de que le permitiera sumarse a las fuerzas del Bloque de Búsqueda. Se veía obsesionado. Argumentó que estando allá, con los equipos de radiogoniometría instalados en la escuela Carlos Holguín de Medellín, podría cumplir una tarea eficaz. Los aparatos a los que se refería eran sistemas electrónicos con la tecnología adecuada para determinar el lugar de procedencia de una señal de radio. En palabras más sencillas, se trataba de adaptar y hacer totalmente eficaz un sistema de radiolocalización que mediante procesos de triangulación permitían identificar el origen de cada comunicación. La tarea comenzaba por localizar la frecuencia de radio por donde se comunicaban los objetivos de interés, monitorearla y compartirla en simultánea con equipos distribuidos estratégicamente en áreas críticas de la ciudad, previo a una valoración de las áreas que se presumía eran visitadas o recorridas por el capo.

No le di demasiadas esperanzas porque conocía la verticalidad de su padre y su deseo de no exponer a su hijo a una guerra tan cruel, pero aun así le dije que haría mi mejor esfuerzo. Examiné el asunto y de entrada vi una ventaja en esa posibilidad porque el capitán Martínez conocía el manejo estratégico de la oficina de fachada y tenía claro que desde Bogotá se enviaba información decantada al Bloque de Búsqueda que resultaba de mucha utilidad.

Entendía perfectamente que el capitán Martínez estuviese convencido y seguro de que el uso de la inteligencia técnica sería determinante para lograr el objetivo final de localizar a Escobar y en ese sentido me parecía apenas lógico y útil que permaneciera en la zona de operaciones en Medellín; sin embargo, procuré no inmiscuirme en la relación ya no profesional sino familiar del coronel Martínez y su hijo. Tengo que confesar que la decisión se produjo como resultado de un entendimiento entre el oficial subalterno y al mismo tiempo el hijo del oficial líder y responsable de la operación contra el cartel. Cuando el coronel Martínez Poveda autorizó el viaje de su hijo a Medellín, sentí una enorme tranquilidad y también una gran satisfacción; tranquilidad, porque no tuve que desgastarme de ninguna manera tratando de influir en la decisión y muy satisfecho de ver cómo se sumaba el talento profesional del joven oficial a la operación de búsqueda.

Como relaté en el capítulo primero, la llegada del capitán Martínez a la Escuela Carlos Holguín empezó a notarse de inmediato porque no tardó en corregir numerosas anomalías en el manejo técnico de los distintos equipos de intercepción telefónica instalados en ese lugar y puso en orden todo lo relacionado con la búsqueda electrónica, vital en ese momento de la persecución de Escobar. Un nuevo horizonte se veía a partir de ahora porque ese muchacho asumiría su trabajo con entusiasmo y determinación.

Aun cuando el aparato de búsqueda mantenía la intensidad y el rastreo –tenía renovados bríos con el aporte del capitán

Martínez–, el 18 de septiembre de 1993 la Fiscalía dio un paso encaminado a hacer efectivo su empeño en lograr la tan esperada y accidentada entrega de Escobar. Ese día nos enteramos de que la esposa del capo, Victoria Eugenia Henao, sus hijos, Manuela y Juan Pablo, y la novia de este, llegaron al edificio Altos del Campestre, en un exclusivo sector de El Poblado en Medellín, donde habitarían un espacioso apartamento del tercer piso, protegidos por un nutrido grupo de agentes del CTI. Era de esperarse que la permanencia del grupo en ese lugar no sería tan larga y muy posiblemente se podría estar cocinando una salida al exterior. El foco, entonces, se centró en ese edificio, donde nada raro, Escobar podría aparecer nuevamente.

Tal vez pensando con el deseo, la interpretación que apareció de manera inmediata para explicar lo que estaba sucediendo era que Pablo Escobar estaba desesperado, como hemos dicho, pero muy preocupado por la seguridad de su familia y que estos pasos que estaba dando, como aceptar que un grupo de agentes del CTI los protegiera, rompía con largos años de compartimentación y de medidas de contrainteligencia que aplicó a lo largo de sus años como fugitivo.

Los oficiales del Bloque de Búsqueda en Medellín desplegaron toda su capacidad para establecer una relación abierta y cercana con el grupo de funcionarios del CTI designados como agentes de protección, pues identificaban muy hábilmente que esa cercanía era un nuevo eslabón para avanzar en la búsqueda del capo. Después de tantos años, para mí, como oficial vinculado a las áreas de inteligencia e investigación criminal, fue una sorpresa saber que uno de esos antiguos funcionarios del CTI que se aproximó a la familia de Pablo Escobar en esas circunstancias terminó después, por algún tiempo, como jefe de la Oficina de Envigado. Rogelio es un personaje digno candidato para ser objeto de un estudio criminológico, pues su vida se movió en las aguas institucionales, en las corrientes del crimen y hoy poco se sabe de él. La verdad es que nunca pagó por sus delitos en Colombia.

Angelito, golpe fundamental

Todos estos movimientos le dieron un impulso a la persecución, que el 6 de octubre habría de significar un duro golpe a Escobar. Sucedió cuando el Bloque de Búsqueda instaló un centenar de puestos de control en Medellín para seguir el rastro de Alberto Puerta Muñoz, quien –según datos de un informante que iba por la recompensa ofrecida por él– se reuniría esa noche con su hermano Alfonso, el Angelito, uno de los pocos acompañantes de Escobar en ese momento. En efecto, el encuentro ocurrió a las 8:30 a las afueras de una humilde casa del barrio Villa Hermosa, zona centro oriental de Medellín. Los dos hombres se opusieron a la captura y abrieron fuego contra un comando del Bloque de Búsqueda que los dio de baja luego de un intenso tiroteo.

En el CEC sabíamos que la muerte de Angelito era otro golpe durísimo para Escobar porque había remplazado a Popeye en septiembre de 1992, cuando se sometió por segunda vez a la justicia. Desde entonces acompañaba a Escobar en sus escondites, se encargaba de llevar correspondencia y de cuando en cuando trasladaba de caleta en caleta a la esposa y a los hijos del capo.

En los siguientes días tras la muerte del Angelito, el Bloque de Búsqueda estrechó el cerco y surgió la posibilidad de saber qué pasaba en el apartamento donde se apertrechaban los Escobar. La información obtenida quedó resumida en un informe que escribí el 5 de octubre para el CEC:

Continúan las vigilancias mediante infiltración a la familia del señor T.

La esposa y los hijos de Escobar están gestionando las visas para salir del país con la colaboración de un abogado; asimismo continúan con la venta y liquidación de propiedades y sociedades.

Se pudo establecer que en el vehículo R-4 en el que se movilizaba Alfonso León Puerta, el Angelito, existía un sofisticado equipo de comunicación en el cual estaban grabadas las frecuencias números 158.350 Mhz, 158.650 Mhz, 159.100 Mhz, y 159.262 Mhz, camuflado en el pasacintas y a través del cual se comunicaba con el señor T.

Se tuvo conocimiento que el vehículo Chevrolet Sprint, color verde aceituna, en el que también se movilizó el Angelito, actualmente se encuentra en poder de Juan Pablo Escobar Henao en el edificio Altos del Campestre; el cual tenía el mismo sistema de comunicación hallado en el R-4 antes mencionado, por lo cual Juan Pablo retiró el equipo del Sprint.

Con base en informaciones suministradas por varias fuentes, se organizó un operativo con puestos de control y de observación con taponamiento total en el barrio Las Lomas de El Poblado; se efectuaron varios allanamientos minuciosos, hallándose en dos residencias la fabricación de sofisticadas caletas; asimismo se lograron incautar varias armas, munición y documentos.

El turno para el capitán Martínez habría de llegar el 10 de octubre, cuando localizó el lugar aproximado desde donde Pablo Escobar acababa de sostener una comunicación por radioteléfono con su hijo. Una enorme operación fue desplegada hacia el sector montañoso cercano a la vereda Belén Aguas Frías, cerca de Medellín, donde los equipos de radiogoniometría señalaban la presencia del capo.

No obstante, al cabo de tres días se perdió el rastro, pero el Bloque de Búsqueda sí tuvo la plena confirmación de que el capo había estado allí, solo que la señal ubicada por los equipos manejados por el capitán Martínez arrojaron un error de 800 metros debido a la topografía y por eso logró escapar. Era la primera vez en mucho tiempo que Escobar había estado tan cerca de caer.

La nueva fuga de Escobar debió molestar mucho a sus enemigos, los Pepes, que, según reportes de la Fiscalía, en los siguientes días la emprendieron, y muy duro, contra su familia en el edificio Altos del Campestre. Y lo hicieron realizando ataques relámpago desde vehículos en marcha que disparaban ráfagas de fusil hacia la edificación con el único objetivo de hacerles sentir que allí no estarían tranquilos. Incluso, una noche dispararon una granada de fusil que impactó en una pared del quinto piso. La situación se puso tan difícil que el CTI de la Fiscalía debió doblar el número de agentes destacados allí y poner decenas de sacos de arena a manera de trincheras en los cuatro costados del edificio.

La fuga de Escobar y los detalles que rodearon el despliegue de fuerzas de tierra y aire, contribuyeron a alimentar la ya bien ganada fama de invencible que había alcanzado, porque ya muchas veces había escapado de un ataque de semejante magnitud. La operación fue ampliamente cubierta por los diferentes medios de comunicación, que sin quererlo les dieron munición a los detractores del Bloque de Búsqueda. Y no les faltaba razón al hablar de ineficiencia, porque cómo explicar que los equipos electrónicos hubieran fallado por unos metros, suficientes como para que el capo encontrara una ruta de escape.

Por considerarlo de interés para los lectores, me parece pertinente publicar varios extractos de publicaciones que dan cuenta de la importancia de esa operación, que prácticamente fue la antesala del final del jefe del cartel de Medellín. Este es un aparte de la noticia que publicó el diario *El Tiempo* en su edición del 14 de octubre de 1993:

131

Luego de tres días de operativos continuos por parte de los integrantes del Bloque de Búsqueda en la vereda Belén-Aguas Frías, nada se sabe del paradero de Pablo Escobar Gaviria, ni si realmente estuvo allí o si el jefe del cartel evadió el cerco de las fuerzas especiales.

Aunque voceros del Ministerio de Defensa y la Policía dijeron que la operación era una más dentro de la estrategia que condujo a Alfonso León Puerta Muñoz, el Angelito, y reclamaron paciencia, otras autoridades aseguraron que Escobar logró evadir nuevamente el cerco. En el sitio había ropa sport, dos fusiles y varios radios de comunicación.

El rastreo de Escobar por tierra y aire continuó ayer en un área de diez kilómetros cuadrados, entre el corregimiento de San Antonio de Prado, el Alto del Astillero y la vereda Aguas Frías. Se presume que en uno de estos sitios se puede encontrar el fugitivo de La Catedral.

Previa evacuación de los habitantes de la vereda Aguas Frías, el Bloque de Búsqueda lanzó gases y ametralló la zona montañosa en donde se cree que está escondido Escobar. La operación se hizo desde tres helicópteros.

Aunque no se conocen los resultados de esta acción, se cree que este es el último recurso para obligar a Escobar a salir de su escondite. Las ráfagas se concentraron en los cerros Alto del Astillero y El Llano.

Obviamente, son más precisos los relatos de Victoria Eugenia Henao –esposa de Escobar– y de su hijo Juan Pablo, autores de los libros *Mi vida y mi cárcel con Pablo Escobar* y *Pablo Escobar mi padre*, publicados por editorial Planeta.

Esta es la versión de la viuda del capo:

(...) fue a través de una de esas cartas que nos enteramos de la manera tan dramática como Pablo logró escapar de una enorme operación del Bloque de Búsqueda de la Policía y del Ejército, que casi le cuesta la vida en Belén Aguas Frías, cerca de Medellín, donde –según su relato– prácticamente se vio muerto. En cuatro páginas, con un nivel de detalle impresionante, dijo que salió corriendo de la caleta donde se escondía y huyó hacia una zona montañosa rodeada de precipicios por los que intentó escapar, pero se le cayó la linterna y quedó totalmente a oscuras. Luego, se desgajó un fuerte aguacero y tuvo que caminar a través de los riscos, y varias veces estuvo a punto de caer al vacío. Al final del extenso relato escrito, mi marido dijo que en cierto momento se preguntó si lo buscarían en el fondo de uno de esos abismos. La carta estaba escrita en trozos de papel pegados con curitas y su deterioro reflejaba claramente la difícil situación que estaba viviendo.

Esto escribió Juan Pablo Escobar:

Sobre ese episodio, días después recibimos una carta de mi papá en la que relató espeluznantes detalles de su milagroso escape. Dijo que cuando vio venir los camiones de la Policía sabía que lo habían rastreado por culpa de la radio. Agregó que tenía mucha ventaja sobre ellos porque la montaña era muy empinada. Cuando vio la 'ley' –continuó– salió corriendo por unos precipicios terribles donde perdió el radio y la linterna. Dijo que se asustó mucho pensando que sería su fin porque el frío y la lluvia empezaron a debilitarlo. Dijo que finalmente salió a una comuna de Belén, donde la gente lo miraba porque estaba muy embarrado, aunque nadie lo reconoció porque tenía larga la barba. Luego tomó un taxi y se fue para la casa de una prima.

Tras el fracaso de la operación en Belén Aguas Frías, en las siguientes semanas la situación del Bloque de Búsqueda y de los organismos que componían el Comando Especial Conjunto se complicó aún más. Tanto, que el 15 de noviembre el coronel Martínez Poveda reunió en su oficina a todos los oficiales del Bloque de Búsqueda y les informó que acababa de recibir una llamada del general Gómez Padilla, quien le había dicho que por orden del gobierno todo el personal uniformado y de inteligencia debía salir cuanto antes de la Escuela Carlos Holguín y regresar a Bogotá, donde serían asignados a otras unidades en diferentes lugares del país. Significaba, ni más ni menos, que el desmantelamiento de la unidad especial que en los últimos dieciséis meses había seguido el rastro de Pablo Escobar.

Mientras el Bloque de Búsqueda digería la drástica decisión, el comandante del Ejército y el subdirector de la Policía –los generales Hernán José Guzmán y Octavio Vargas Silva– viajaron a Medellín a recibir los informes finales relacionados con la persecución. Por fortuna, el coronel Martínez Poveda y varios de los oficiales que habían participado directamente en las operaciones lograron convencer a los altos mandos, y de paso al presidente Gaviria y al ministro de Defensa Pardo, de postergar la decisión al menos dos semanas. Según me contaron ese mismo día, el argumento central fue que los equipos de intercepción manejados por el capitán Martínez eran cada vez más exactos y estaban seguros de que si Escobar seguía hablando con su familia habría una muy alta posibilidad de localizarlo.

El Bloque de Búsqueda, en preaviso

En aquel momento quedó en evidencia que el desgaste del Bloque de Búsqueda había llegado a un punto de no retorno y que los continuos señalamientos de Escobar, que acusaba a esa fuerza especial de cometer asesinatos y desapariciones, además de estar aliada con los Pepes, habían hecho mella tanto en la opinión como en el gobierno. Además, la Fiscalía tampoco ayudaba, porque como ya relaté, el propio fiscal De Greiff había hecho señalamientos contra la eficacia del Bloque. Se necesitaba un resultado contundente, y pronto.

La crisis fue conocida públicamente cuando la revista *Semana* refirió un informe reservado de la Procuraduría que criticaba el desmantelamiento del Bloque de Búsqueda por el traslado de decenas de sus integrantes. El fenómeno era calificado como desconcertante, porque según señalaba el informe del Ministerio Público, el gobierno y el alto mando de la Policía y de las Fuerzas Militares reconocían el fracaso de la persecución de Pablo Escobar.

Pese a que en la práctica estábamos preavisados, en la Secretaría Técnica del CEC continuamos adelante y en los siguientes días sostuve conversaciones casi diarias con el capitán Martínez, quien me refería su optimismo porque cada vez afinaba más sus conocimientos en inteligencia electrónica. Según me contaba, había optado por salir de la Escuela Carlos Holguín a recorrer las calles de Medellín y sus alrededores para probar los equipos de radiogoniometría y detectar los altibajos derivados de la topografía. De alguna manera, él se aisló de las tareas diarias en esa guarnición policial y se dedicó de tiempo completo a conocer todos los secretos relacionados con la búsqueda electrónica de alguien tan escurridizo como Pablo Escobar.

En esas estábamos cuando en la tercera semana de noviembre recibimos información confiable acerca de que el sábado 27 de noviembre la familia de Escobar viajaría a Alemania para buscar un eventual asilo. La Policía, por petición expresa del capo y de la familia, sería marginada durante el operativo de traslado de Medellín al aeropuerto El Dorado de Bogotá. Según supimos, la esposa y los hijos del capo eligieron ese país europeo porque sabían que Nicolás, hijo de Roberto Escobar, había vivido tres años allí y Alba Marina, una de las hermanas de Pablo, estuvo de vacaciones durante varios meses sin problema alguno.

No sabíamos qué pasaría, pero resultaba evidente que Escobar se había fijado como propósito poner a salvo a su familia más allá de las fronteras del país. Es que ya eran dieciséis meses de clandestinidad, aislado, sin aparato terrorista, con las finanzas casi en cero y muy asediado por dos fuerzas que terminaron por acorralarlo: de un lado, la institucional a través del Comando Especial Conjunto, el Bloque de Búsqueda de la Policía y la inteligencia que también aportaba el Departamento Administrativo de Seguridad, DAS; y de otro lado, el brutal hostigamiento de los Pepes. Muy a pesar de su frustración por el intento fallido de radicarlos en Estados Unidos en febrero último, esta vez Escobar se jugaba el futuro con su entorno más cercano lejos, y con el compromiso con la Fiscalía, que seguramente no iba a cumplir, de someterse de nuevo a la justicia.

La nueva ecuación planteada por el capo fue examinada por los analistas de inteligencia, que en principio llegaron a tres conclusiones: la primera, que el jefe del cartel se preparaba para una ofensiva final que calculamos estaría basada en terrorismo puro y duro porque su familia era una de las pocas opciones que se tenían para localizarlo; la segunda, que la posibilidad de asegurar a su familia en el país había desaparecido por completo y ahora lo invadía una gran desconfianza porque la lista de sus amigos y enemigos ya no era tan clara. Y la tercera, lograr que su familia permaneciera en el país representaba grandes posibilidades en el propósito de ubicarlo y capturarlo porque, entre otras cosas, empezaba a ser menos cuidadoso y su angustia lo llevaba a manejar las comunicaciones de manera más insegura y menos secreta.

Ya era un hecho que los Escobar saldrían del país el sábado 27 de noviembre en un vuelo de la línea aérea Lufthansa con destino a Frankfurt, Alemania, y nos asaltaba el temor de que se cumpliera la primera de las conclusiones de los analistas de inteligencia, es decir, que el capo reiniciara la guerra. Se sabía que, aunque estaba debilitado y casi que solo, Escobar mantenía su capacidad para aterrorizar, que con una bomba o un secuestro ponía a temblar al país. Y mucho más si se sentía liberado del peligro de tener expuesta a su familia y a merced de sus enemigos.

Estas consideraciones llevaron al alto gobierno, a través del director de la Policía, el general Miguel Gómez Padilla, a contactar al embajador alemán, Heribert Wockel, para pedirle que por ninguna razón las autoridades migratorias de su país permitieran el ingreso y la estadía de los Escobar, así fuese temporal.

Mientras el general Gómez gestionaba un encuentro urgente con el embajador, el 27 de noviembre proyecté un documento para el Comando Especial Conjunto en el que planteé la inconveniencia de que los parientes del capo abandonaran el país:

Desde el momento de la fuga, el señor T ha empleado distintos recursos para tratar de neutralizar la presión que el gobierno a través de la fuerza pública ha ejercido para producir su captura. En esa estrategia, es claro que la familia ha jugado distintos papeles así:

Denunciando la situación de riesgo de la familia, el narcoterrorista ha pretendido construir un símbolo que le permita ganar espacios políticos en la medida en que sus parientes aparecen como víctimas y perseguidos del establecimiento. En este sentido la familia juega un rol eminentemente político que pretende llamar atención de la comunidad internacional y crear solidaridad de distintos sectores de la sociedad.

Condicionando su eventual entrega a garantías físicas de seguridad para su familia, su esposa y sus hijos han representado un elemento importante para sensibilizar y lograr de las autoridades un compromiso encaminado a garantizar el derecho fundamental a la vida. De esta manera ha convertido a su familia en un escudo para distraer sus verdaderas intenciones de someterse a la justicia y ganar espacios jurídicos ante las autoridades competentes.

Comprometiendo la protección física de su esposa e hijos por parte del personal de la Fiscalía General de la Nación, el narcotraficante, en asocio de su hijo Juan Pablo, utilizó esta situación para venderle la idea a las autoridades de que se encontraba en una situación conciliadora, pacífica, y acercamiento, incluso con organizaciones delincuenciales que tradicionalmente han sido sus adversarios. Lo anterior queda demostrado en una de las cartas que envió Juan Pablo a su padre, incautada por el Bloque de Búsqueda en Aguas Frías.

Conviene mencionar igualmente que la familia ha sido el eslabón entre Roberto Escobar y el narcoterrorista, así como el elemento básico para enlazar los círculos más allegados del señor T.

Si bien es cierto que el señor T pretende convencer a las autoridades de que se entregaría sobre la base de garantías de seguridad de su familia, es evidente que en el pasado los ataques más feroces de tipo terrorista sobrevivieron cuando la familia se encontraba disfrutando de plena seguridad en el exterior. Por lo anterior, es lógico considerar que el fugitivo, de cara a la campaña electoral, puede lanzarse a una ofensiva terrorista.

No debe olvidarse que el lema que inspira la lucha del señor T se basa en aplicar la fuerza bruta, situación que haría presumir que en el futuro inmediato cumpla las amenazas que lanzó contra varios funcionarios públicos y oficiales comandantes del Bloque de Búsqueda, a quienes prometió "matarle hasta el último de sus parientes" (manuscrito enviado al coronel Martínez).

Es bien conocido que existe en el exterior un ambiente negativo hacia Colombia frente al tema de derechos humanos.

La familia del señor T en el exterior probablemente se sumará a las distintas organizaciones no gubernamentales que promueven sanciones contra el país, pues resulta evidente que ya desde la cárcel de Itagüí Roberto Escobar ha desarrollado una estrategia en ese sentido. (Recuérdense las instrucciones que Roberto le impartió a su hijo Nicolás cuando este abandonó el país).

Hacia el futuro inmediato, tal como lo demuestran los documentos que Roberto ha difundido al exterior, resulta muy probable que se solicite al gobierno nacional las garantías necesarias para que en forma masiva un número significativo de familias de narcotraficantes presos y prófugos abandone el país. Un antecedente de esta naturaleza agravaría la reputación del gobierno colombiano a nivel internacional en lo que respecta al tema de derechos humanos, situación que podría manipular la guerrilla para acrecentar su campaña de desprestigio contra las instituciones.

La salida al exterior de la familia Escobar pone sobre el tapete tanto para los medios de comunicación como para sectores políticos de la oposición, la teoría según la cual el gobierno Gaviria estaría obrando en el marco de una solución negociada para facilitar la entrega del fugitivo. Lo anterior resulta aún más inconveniente, si se tiene en cuenta que no existe garantía alguna que asegure el sometimiento a la justicia del narcoterrorista.

De otra parte, fuentes de entero crédito han expresado que en los Estados Unidos y con motivo de la reciente visita del fiscal general de la Nación a ese país, se han generado una serie de reacciones negativas respecto al apoyo que en el futuro comprometerá el gobierno americano en la lucha contra las drogas en nuestro país. Esa consideración aparece como pertinente en la medida en que funcionarios norteamericanos interpreten la salida de la familia Escobar como una concesión del gobierno colombiano hacia el señor T.

El general Gómez obtuvo la cita relámpago con el embajador alemán y me pidió que lo acompañara. Tras escuchar nuestra argumentación, el diplomático comprendió la gravedad que significaba recibir de manera temporal o permanente a los Escobar y nos dio cierta esperanza de que su gobierno haría lo posible para impedirlo. El problema era que el tiempo apremiaba porque la Cancillería alemana debía estudiar el caso para tomar una decisión, pero era muy insistente el rumor de que el viaje de los Escobar sería muy pronto. Antes de despedirnos, el diplomático mostró cierto temor y nos pidió reforzar cuanto antes las medidas de seguridad tanto en su residencia como en las oficinas de la embajada, como en efecto ocurrió.

Al escribir este texto recuerdo todavía la vergüenza que vivimos en el proceso de proteger al embajador y a su esposa.

Sucedió que la Dirección General de la Policía dispuso que una oficial estuviese al frente de ese proceso, pero no habían pasado 24 horas cuando el embajador solicitó una reunión urgente y reservada con el general Gómez Padilla. Acudimos presurosos, imaginando lo peor, es decir, que habían sido amenazados por el cartel de Medellín.

Serían las siete de la noche cuando fuimos recibidos en la sala de la residencia por el embajador y su esposa, pero para nuestra sorpresa notamos un gesto de tristeza e indignación del diplomático. Muy desconcertado y con amargura, relató que una pequeña porcelana bávara, heredada por su esposa de su mamá y que conservaron durante muchos años, había desaparecido de una pequeña vitrina y que la única persona que había ingresado a ese lugar había sido la oficial responsable de su seguridad.

La certeza con que nos trasmitieron su sospecha sobre la teniente produjo una reacción de estupor y rechazo del general Gómez, quien ordenó una investigación inmediata para determinar si ella era responsable o no de la pérdida de la reliquia.

El resultado fue penoso, porque en poco tiempo se supo que en efecto la oficial había sustraído la diminuta y costosa porcelana, que no medía más de siete centímetros, porque "Le pareció muy linda". La historia terminó con la devolución de la porcelana, no sin antes pedirles perdón y rogarles que no perdieran la confianza en las nuevas personas designadas para su protección.

Regreso al viaje de los Escobar a Alemania. En las intensas reuniones del CEC de aquellos días se consideró que no bastaba con pedirle al gobierno alemán que bloqueara el viaje de los Escobar, sino que era necesario controlar de principio a fin sus movimientos por si utilizaban el aeropuerto de Frankfurt para hacer conexión con otro país.

Por esa razón, en una decisión que consideré muy inteligente, el general Octavio Vargas Silva decidió que dos oficiales viajaran en ese vuelo para hacer una vigilancia encubierta y estar al tanto de cualquier movimiento sospechoso de los Escobar. Para el efecto designó a los dos oficiales más experimentados de la época y capaces para cumplir esa misión: el mayor Leonardo Gallego Castrillón y su compañero de promoción, Hugo Acuña Pereira. Desde cuando llegué a la Dijín en 1979, ellos fueron mis maestros y me orientaron para especializarme en investigación judicial porque en su extensa trayectoria habían acumulado un sinnúmero de éxitos en la lucha contra la delincuencia común y organizada.

Por fortuna, ese 27 de noviembre ellos lograron abordar el avión rumbo a Frankfurt, sin que en Colombia se conociera una definición de parte de la Cancillería alemana sobre si recibirían o no a los Escobar.

La historia que pronto saltaría a los medios de comunicación dio cuenta exacta de lo que sucedió. El avión fue forzado a aterrizar en un lugar distante de la plataforma de desembarque y los Escobar fueron conducidos por la Policía alemana al puesto de control de pasaportes. Al mismo tiempo, en Colombia, un desesperado Pablo Escobar expedía un comunicado en el que amenazaba con dinamitar todos los aeropuertos de ese país. Pese al peligro, la carrera desesperada de los Escobar para dejar Colombia empezaba a desvanecerse porque durante las siguientes treinta horas fueron sometidos a intensos interrogatorios en las oficinas de la Policía Internacional, Interpol. Al cabo de ese tiempo les notificaron que no serían recibidos y que regresarían de inmediato en un vuelo que estaba próximo a salir rumbo a Bogotá. La gestión había funcionado. Los familiares de Escobar ya no abandonarían Colombia.

En la práctica, los dos oficiales designados para la misión cumplieron un triple papel: hicieron seguimiento en cubierta, coordinaron con las autoridades migratorias alemanas y transmitieron casi como agentes diplomáticos la petición del gobierno colombiano.

La misión se había cumplido. Ahora estábamos frente a una ventana de oportunidad única para dar la puntada final: localizar a Pablo Escobar, en ese momento el narcotraficante acorralado, el capo traicionado, el padre frustrado, el criminal convertido en una especie de fiera asesina dispuesta a enfrentar a las autoridades hasta la muerte. Lo que no se sabía en ese momento era si él calculaba que se acercaba a un desenlace fatal y definitivo.

CAPÍTULO 6

La etapa final

La última vez que Pablo Escobar amenazó con desatar una oleada terrorista fue en la noche del sábado 27 de noviembre de 1993, cinco días antes de morir.

Lo hizo cuando su esposa, sus hijos y su nuera, atravesaban el océano Atlántico rumbo a Frankfurt, Alemania, donde se proponían pedir asilo. Previendo que el gobierno alemán no autorizaría el ingreso de su familia a ese territorio, el capo dijo públicamente que dinamitaría todos los aeropuertos de ese país y atacaría sus intereses en Colombia. Esa misma noche, el delincuente se comunicó en al menos cuatro ocasiones con el conmutador de la Casa de Nariño y profirió las mismas advertencias.

En ese momento el Comando Especial Conjunto y el Bloque de Búsqueda ya habían entrado en una especie de alerta máxima, porque los Escobar habían viajado a Alemania sin que la Cancillería de ese país hubiese confirmado todavía si aceptaba la petición del gobierno colombiano de deportarlos una vez aterrizara el avión de Lufthansa en el aeropuerto de Frankfurt. También estábamos pendientes del reporte de dos oficiales de la Policía –los mayores Gallego y Acuña que ya mencioné– que se habían camuflado en la aeronave como pasajeros para seguir de cerca los movimientos de la familia del capo.

Aun cuando era un hecho que, en esta, la última etapa de su vida, Escobar estaba acompañado por uno o dos sujetos, no se podía subestimar la amenaza y así se entendió en el CEC y en el Bloque de Búsqueda. La gravedad de lo que ocurría esa noche quedó plasmada en un informe evaluativo que escribí para el CEC y para el alto gobierno:

Se estableció contacto con el agregado policial de la embajada de Alemania en Colombia para coordinar asuntos relativos a los siguientes temas:

Control y seguimiento de la familia Escobar en el exterior.

Identificación y control a personas sospechosas que viajaban en el avión de la línea Lufthansa.

Verificación de vulnerabilidades de la colonia alemana residente en Colombia y objetivos potenciales de ataques terroristas.

Establecimiento de seguridad física y de comunicaciones en la embajada y residencia del señor embajador.

Se visitó personalmente al señor embajador en compañía del director de la Dijín, el director de Servicios Especializados, el comandante de la Policía Metropolitana de Bogotá y el teniente coronel operativo de la zona norte, para ofrecerle los servicios de seguridad y protección necesarios e informarlo de la amenaza que el señor T hizo conocer contra los intereses nacionales alemanes en caso de que su familia fuera rechazada por ese país.

A requerimiento de la Presidencia de la República, un oficial de inteligencia evaluó las cuatro comunicaciones que se produjeron entre una persona que aseguró ser el señor T y el edecán de servicio de la Casa de Nariño.

Como consecuencia de la amenaza lanzada por la persona que dijo ser el señor T, unidades del Bloque de Búsqueda desplegaron actividades de inteligencia electrónica con los siguientes resultados:

Los trianguladores estratégicos situados en el municipio de La Estrella monitorearon dos comunicaciones de las cuatro que estableció el antisocial con la Casa de Nariño.

Las monitorías anteriormente mencionadas permitieron señalar dos puntos de emisión en un área situada a lo largo de la avenida 80 de la ciudad de Medellín.

Se estableció plenamente que el equipo usado por el narcotraficante corresponde a un teléfono móvil que opera en frecuencia modulada.

Analistas del Bloque de Búsqueda en Medellín, conocedores de la voz del narcoterrorista, aseguran categóricamente que la persona que se comunicó correspondía al señor T.

Con fundamento en el área general localizada entre los dos puntos de emisión señalada por los trianguladores, se iniciaron de inmediato operaciones de búsqueda y localización de caletas, empleando para ello al detenido Diego Londoño White, familiarizado ampliamente con los escondites del señor T Escobar en este sector.

En forma permanente se ha mantenido comunicación con el conmutador de la Casa de Nariño, y se han impartido instrucciones al oficial de la Policía para que de producirse una nueva llamada del antisocial se mantenga y dilate la conversación induciendo al interlocutor a hacer nuevas llamadas.

Con el objeto de establecer la identificación plena del equipo móvil que produjo la llamada hacia Santa Fe de Bogotá, se ha solicitado la facturación correspondiente al número de Palacio.

En forma parcial, los sistemas de monitoreo captaron apartes de una comunicación sostenida entre el señor T y algún periodista de la ciudad de Medellín ratificándose en las amenazas proferidas la noche del 27 de noviembre.

En previsión de nuevas llamadas del narcoterrorista, se dispuso la activación plena de los sistemas de monitoreo en Medellín, por cuanto resulta probable que se produzcan nuevos comunicados, bien a los medios de prensa o a la Fiscalía General de la Nación.

Siguiendo instrucciones superiores, se le envió al fiscal general de la nación la grabación correspondiente a la amenaza que formuló el antisocial y una transcripción de esta.

En previsión de una posible deportación, se han dispuesto los servicios de inteligencia correspondientes, así como un refuerzo de los servicios de seguridad y protección de la embajada, los consulados y la residencia del embajador alemán.

El avión de Lufthansa aterrizó en Frankfurt a las 6:30 de la mañana del domingo 28 de noviembre y ya en ese momento el gobierno colombiano había sido notificado por la Cancillería alemana de que procedería a la deportación. Por los mayores Gallego y Acuña supimos que las autoridades migratorias de ese país ordenaron detener el avión en un lugar lejano de la pista donde procedieron a bajar a los Escobar y los condujeron en patrullas de la Policía a las oficinas de Interpol para interrogarlos.

No obstante, las comunicaciones con los oficiales eran muy complicadas porque estaban en un país lejano, en un aeropuerto muy grande, sin teléfonos celulares todavía y en medio de un hermetismo obvio porque los intereses alemanes habían sido amenazados desde Colombia por un poderoso narcotraficante que había demostrado no tener miramiento alguno a la hora de hacer daño.

En este punto del relato me parece pertinente publicar un extracto del libro *La caza del hombre*, escrito por los exagentes de la DEA, Javier Peña y Steve Murphy, quienes refieren detalles interesantes de lo que ocurría en ese momento en el

146

aeropuerto de Frankfurt y quiénes intervinieron para convencer a las altas autoridades alemanas de deportar a los Escobar. Lo que queda claro es que en ese momento en varios lugares del planeta se vivían momentos de alta tensión:

Cuando consultamos la lista de pasajeros, vimos que todos habían reservado en primera clase (los Escobar), nos dimos prisa para llevar a un agente al avión. Enviamos a uno llamado Ken Magee y lo dotamos de cámaras espía de última generación.

Nuestra oficina de la DEA en Fráncfort intervino junto con el Gobierno colombiano, además de, por supuesto, el cuartel general de la DEA en Washington y la embajada de Bogotá. Nuestra postura estaba muy clara: en ninguna circunstancia se les permitiría a los Escobar pedir asilo en Alemania y debían ser devueltos a Colombia lo antes posible.

El embajador (en Colombia, Morris Busby) no perdió el tiempo mientras el avión de Lufthansa estaba volando. Quería ejercer la mayor presión posible sobre Alemania para que devolviera a la familia y se dirigió directamente a Washington, como nos dijo Toft (Joe Toft, director de la estación de la DEA en Colombia). Con ello quería decir el secretario de Estado Warren Christopher e incluso el presidente Bill Clinton, a quien se instó que se pusiera en contacto con el canciller alemán Helmut Kohl con objeto de que los alemanes estuvieran al tanto de la situación. Como es lógico, todo el asunto era muy delicado y estaba en el punto de mira de los medios de comunicación en el mundo. Por su parte, el Gobierno colombiano respaldaba de lleno la postura de Estados Unidos y estaba presionando a los alemanes.

El coronel Gallego nos contó después que los alemanes no tenían ni idea de qué hacer y fueron presa del pánico. Muchas autoridades querían que se quedaran, mientras que otras querían que se marcharan. En un momento dado, se tomó la decisión de dejarlos pasar la noche en Alemania mientras se negociaba con el presidente colombiano, el canciller alemán y las autoridades estadounidenses. Magee, nuestro agente en el vuelo, nos llamó para confirmar lo que se estaba haciendo y que los agentes de la DEA de Fráncfort se hallaban en el aeropuerto con sus homólogos alemanes, controlando la situación. Era un *impasse* tenso. Magee nos dijo que las autoridades alemanas aún no habían tomado una decisión sobre los Escobar y se estaban inclinando por darles asilo. Más tarde supimos que los representantes de los tres gobiernos discutieron acaloradamente hasta el último minuto. Los Escobar habían solicitado permanecer tres meses y estaban planeando pedir asilo, cuando al final los alemanes decidieron mandarlos de regreso a Colombia.

Mientras tanto, en Medellín el Bloque de Búsqueda había activado todas sus unidades y el capitán Hugo Martínez recorría las calles con los equipos de radiogoniometría montados en un automóvil. Y en Bogotá, el CEC planeaba qué hacer cuando los Escobar regresaran a Colombia.

La primera decisión que se tomó fue forzar a la familia del capo a permanecer en la capital y evitar su regreso a Medellín. En Bogotá, sí, pero ¿dónde? En este punto del relato debo decir que la idea de llevar a los Escobar a Residencias Tequendama fue mía. Y lo hice fundamentalmente porque pensé que, como allí funcionaba la oficina de fachada, sería más fácil controlarlos y estar al tanto de los movimientos de Pablo Escobar. La razón que les daríamos era comprensible: motivos de seguridad.

La idea caló en el seno del CEC y de inmediato fueron reservadas dos habitaciones contiguas al final del pasillo del piso 29 de Residencias Tequendama, justo encima de la oficina de fachada donde yo ejercía la Secretaría Técnica del Comando Especial Conjunto.

La tarea: escuchar a los Escobar

Mientras tanto, los oficiales Gallego y Acuña habían informado que los Escobar no regresarían en el siguiente vuelo a Colombia y que el interrogatorio se prolongaría por horas en razón a que los alemanes querían saber muchas cosas de ellos: ¿por qué su decisión de buscar refugio en ese país? ¿Cuánto dinero llevaban? ¿Qué contactos tenían allí? ¿Qué tan cierta era la amenaza terrorista de Pablo Escobar? ¿Dónde estaba oculto en Colombia? ¿Cuáles eran sus socios en Alemania y en Europa? ¿Tenía inversiones en ese país?

Como el tiempo apremiaba, el CEC decidió que la mejor manera de controlar a la familia del capo era monitorear sus comunicaciones. La tarea le correspondió entonces a un grupo especial de técnicos de la Dijín, que entraron a la *suite* que les sería asignada, y en cuestión de horas ocultaron micrófonos inalámbricos de ambiente, muy artesanales por demás, en las lámparas, detrás de los televisores, en las habitaciones y hasta en la cocina. También fueron intervenidos los teléfonos instalados en la sala de la *suite* y en la habitación principal.

En medio de todo, la operación de monitoreo era una tarea sencilla. Los micrófonos inalámbricos que se camuflaron en las lámparas, en algunos tomacorrientes o en los aparatos electrónicos de la época transmitían en frecuencia modulada a un par de receptores que habíamos ubicado en nuestra oficina de fachada. Las pruebas resultaron exitosas, pero sin embargo cualquier cosa podía suceder porque era normal que los aparatos electrónicos interfirieran la señal de radio y era también previsible que la familia Escobar hiciera un rastreo detallado tratando de detectar los artilugios. No había otra opción que arriesgar y yo, particularmente, lo veía como un último recurso para abrir caminos hacia la localización de Pablo Escobar.

Finalmente, el vuelo proveniente de Frankfurt aterrizó en el aeropuerto El Dorado a las ocho de la noche del lunes 29 de noviembre. Habían pasado 48 horas desde cuando los Escobar salieron del país, 30 de las cuales permanecieron en la oficina de Interpol del aeropuerto alemán respondiendo todo tipo de preguntas.

Como ya habíamos sido advertidos de la deportación, el CEC coordinó el recibimiento con la Fiscalía y el inmediato traslado a Residencias Tequendama. El plan se cumplió al pie de la letra. El avión se detuvo a un lado de la pista y cinco minutos después entraron tres funcionarios del CTI de la Fiscalía, que se dirigieron a los asientos donde estaban los Escobar y les pidieron bajar con ellos. Los demás pasajeros esperarían a llegar al muelle de desembarco.

Ya en la plataforma, uno de los integrantes del CTI que se identificó como A1, le informó a la esposa de Escobar, Victoria Eugenia Henao, que por la seguridad del grupo serían llevados a un hotel de la Caja de Retiro de las Fuerzas Militares en el centro de Bogotá. Según reportaron después, la mujer se resistió y dijo que prefería buscar un lugar donde hospedarse, pero A1 insistió en que esa era la única opción aceptable para el Estado si querían preservar sus vidas.

Al borde de la medianoche, los parientes del capo llegaron a la *suite* asignada previamente por Residencias Tequendama y se les informó que a partir de ahí serían custodiados por varios anillos de seguridad compuestos por agentes del CTI y soldados de la Policía Militar. Ninguna persona podría acceder a ese piso sin autorización de la Fiscalía.

Así las cosas, solo había que esperar que Pablo Escobar apareciera. La oficina de fachada estaba más activa que nunca y María Emma Caro se ubicó en un pequeño escritorio donde estaban los equipos que nos permitirían saber qué ocurría en la *suite* de arriba. La hora definitiva había llegado. Era el momento indicado para que ella capitalizara el aprendizaje que recibió durante las muchas charlas que sostuvo con el capitán Martínez antes de que él viajara a Medellín. Si Pablo Escobar llamaba, en fracciones de segundo había que medir su comportamiento, sus palabras, su tono, e informarle por radio al capitán Martínez que el capo y su familia estaban en contacto. María Emma estaba más que preparada.

El martes 30 de noviembre no observamos mucho movimiento porque imaginamos que los Escobar debían estar descansando después del largo y estresante viaje de ida y vuelta a Alemania. Recuerdo que según me dijo María Emma, ese día solo entró una llamada telefónica, la de una hermana de la esposa del capo, pero hablaron generalidades, nada que llamara la atención.

Sin embargo, en la tarde de ese mismo día y con lo buena investigadora que es, María Emma decidió subir las escaleras y mirar qué pasaba en el piso 29, donde estaban los Escobar. Me dijo que le había llamado la atención ver en el pasillo a un par de personas muy sospechosas, que al parecer hablaban con el hijo del capo. Nos preguntábamos cómo era posible que, a pesar de las instrucciones dadas a la recepción del hotel, dos personas no identificadas habían tenido acceso al piso 29.

Al día siguiente, primero de diciembre, las alarmas estaban prendidas porque era el cumpleaños número 44 de Pablo Escobar. Algo debería pasar, pensábamos, pero nada. Los Escobar no hablaban demasiado en la *suite* y los teléfonos no sonaban. Lo único que sucedió fue una entrevista de Juan Pablo Escobar en una emisora de Medellín. La corta conversación, según evaluamos inmediatamente, tuvo varios objetivos: enviarle a su padre un saludo de cumpleaños, darle a entender que todos estaban bien en Residencias Tequendama y contarle que la experiencia del fallido viaje a Alemania había sido muy traumática.

En algún momento del día y ante el silencio en el piso 29, María Emma bajó a recoger algunos documentos a la recepción del hotel y cuando regresó me comentó que se había encontrado en el ascensor con Juan Pablo Escobar, quien iba acompañado por otras dos personas, diferentes a las del día anterior, pero con el mismo mal aspecto. El muchacho dijo algunas cosas intrascendentes y María Emma no dudó en reconocer su voz porque ya algunas veces lo había escuchado en conversaciones interceptadas con su padre. Eso sí, ahora la atemorizaba su tono de voz y el lenguaje agresivo que utilizaba al referirse al Bloque de Búsqueda y a la persecución implacable de la Policía. No nos resultaba comprensible que el hijo de Escobar hiciera alarde de su bravura dentro de un ascensor frente a una persona desconocida, salvo que quisiera enviar una señal de que estaba dispuesto a arriesgarlo todo. Incluso llegamos a pensar que sospechaba de la presencia de María Emma, a quien seguramente asumió como una agente de inteligencia.

María Emma contó que estaba inquieta y de cierta manera asustada por la apariencia recia del hijo del capo y me comentó que era bastante posible que ya la hubieran reconocido como alguien asiduo en el hotel y se planteaba qué respondería si le preguntaban qué hacía allí en ese momento. María Emma sabía de memoria la historia ficticia que habíamos creado para ella, pero la asaltaba la duda de qué pasaría si le hacían preguntas en torno a la empresa donde trabajaba, que supuestamente importaba equipos electrónicos de comunicación. También podría pasar que le dijeran que querían ver los aparatos que ofrecía y ese sería un gran problema. Era un escenario posible y por ello me dijo que ya había pensado en cambiar la historia de la fachada y decir que estaba estudiando una especialización en biología marina. De entrada, la idea me pareció demasiado arriesgada porque significaba improvisar algo que no habíamos planeado antes, pero respondió que lo hacía como una muestra de supervivencia porque podía hablar sobre mar, peces, tortugas, tiburones… es decir, temas tan generales que no dieran pie a preguntas incómodas.

Con esa expectativa, ella volvió a subir al piso 29 con la idea de identificar qué tipo de ropa usaban las personas que visitaban a los Escobar porque de su vestimenta podría surgir alguna pista que le sirviera a la inteligencia del Bloque de Búsqueda. La fugaz inspección sirvió para encontrar un par de datos intrascendentes, pues fue evidente que las personas que hablaban con el hijo del capo tenían un marcado acento paisa y lenguaje soez y cargado de rabia. Nuestra pregunta seguía siendo la misma: ¿quién era en el exterior el enlace de la familia Escobar con la capacidad de coordinar visitas a su lugar transitorio de residencia? Empezamos a sospechar hasta de nuestra propia sombra. La reflexión más rápida que hicimos nos llevó a pensar que algún responsable del esquema de seguridad asignado por el CTI había sido penetrado por el cartel.

En la mañana del jueves 2 de diciembre, María Emma volvió a encontrarse en el ascensor con Juan Pablo Escobar, quien iba acompañado por los dos hombres de los días anteriores. Esta vez, la última que los veía, el lenguaje y el tono de las palabras del hijo del capo fueron distintos. Se veía muy molesto, fuera de casillas y, términos más, términos menos, dijo en voz alta: "No se van a salir con la suya, mi papá es un berraco. Esos hijueputas del gobierno no saben con quién se están metiendo. Y ni crean que yo no soy capaz de defender a mi padre".

De regreso a la escucha de las llamadas y a lo que decían en la *suite*, al promediar la mañana el hijo del capo recibió varias llamadas de periodistas de diferentes lugares de Colombia y el mundo, interesados en obtener una entrevista sobre el viaje a Alemania y su situación actual en Residencias Tequendama.

153

Una de esas llamadas fue del jefe de investigación de la revista *Semana*, Jorge Lesmes, quien planteó un cuestionario muy personal, no dirigido a Pablo Escobar, sobre la situación tan complicada que vivían en ese momento. Juan Pablo rechazó todas las peticiones, menos la de Lesmes, quien se comprometió a hacer llegar cuanto antes un sobre con las preguntas. Los pormenores de este crucial episodio son recordados por el periodista en una entrevista que le hice a propósito de este libro.

En esas estaban cuando escuchamos que, de manera inesperada y sin que les hubiese caído en gracia, los Escobar recibieron la visita de tres generales, del Ejército, la Armada y la Policía, quienes fueron a notificarles dos decisiones encaminadas a reforzar su seguridad: la ampliación de la vigilancia del apartahotel con un centenar de soldados más de la Policía Militar y la suspensión total del acceso de cualquier persona al piso 29, salvo que estuviese autorizado por la Fiscalía.

Eran cerca de la una y media de la tarde. La charla con los generales fue tensa, pero de un momento a otro entró una llamada que interrumpió la conversación. Los oficiales se fueron y Juan Pablo tomó el teléfono y saludó al operador del conmutador de Residencias Tequendama, quien le dijo que estaba llamando el señor Pablo Escobar. Al escuchar la voz del capo, María Emma advirtió de inmediato al capitán Martínez, quien, como desde hacía varios días, estaba alerta en las calles de Medellín. Al mismo tiempo, fue activado el componente especial del Bloque de Búsqueda que tenía como objetivo a Pablo Escobar.

El momento del capitán Martínez había llegado

No obstante, esa primera llamada habría de durar escasos treinta segundos porque Juan Pablo Escobar colgó el teléfono sin prácticamente dejar hablar a su padre. Quedamos en suspenso y por momentos pensamos que ya no habría más comunicaciones, pero cinco minutos después entró otra llamada de Pablo. Esta vez Juan Pablo no colgó, sino que pasó la llamada a su mamá, Victoria Eugenia, quien estaba en la habitación de al lado. La conversación entre la pareja fue más larga y durante ese tiempo María Emma mantuvo contacto radial con el capitán Martínez, que seguía moviéndose hacia el sitio donde indicaba la señal del equipo de radiogoniometría.

El semblante de María Emma cambió y aunque se veía tensa, se comportó con una serenidad admirable porque sabía que esta podría ser la última oportunidad para llegar a Escobar.

Muy pronto entendimos que Pablo Escobar había decidido dejar de lado la norma básica de seguridad que lo había mantenido a salvo por tanto tiempo, es decir, hablar poco para evitar que lo localizaran. Y como había decidido violar esa regla, volvió a llamar dos veces más, pero Juan Pablo colgó de nuevo, irritado. En una quinta llamada, un Pablo Escobar exaltado pidió hablar con su hija Manuela o con Juan Pablo, quien pasó al teléfono y pidió a gritos a su padre que colgaran, porque muy seguramente los estaban escuchando.

Una tensa calma se percibió en el piso 29, cuando de repente anunciaron que había llegado el sobre de manila con las preguntas enviado por el periodista Lesmes. Seguramente empezaron a revisarlas porque notamos un muy largo silencio en la *suite*. Hasta que, pasadas las dos de la tarde, Pablo Escobar volvió a llamar y su hijo le dijo que ya había revisado el cuestionario de *Semana*. El capo pidió que las leyera despacio para apuntar las preguntas en una agenda y entre los dos las responderían.

María Emma, exaltada, le decía al capitán Martínez por el radioteléfono: "Sigue hablando, sigue hablando. Busquen, busquen, sigue hablando".

Entonces, Juan Pablo activó el altavoz del teléfono y leyó las primeras preguntas: "¿Cuáles fueron las razones por las cuales salieron a Alemania?; ¿Por qué escogieron a Alemania? ¿Qué pasó en ese país? ¿Por qué les negaron la entrada? ¿Pensaron partir hacia otro país?". Iba a leer la siguiente, pero su padre interrumpió, afanado, y dijo que volvería a llamar en veinte minutos.

Por el número de llamadas y por su duración, era de suponer que el capitán Martínez y su equipo de especialistas en inteligencia técnica, con ayuda de los trianguladores desplegados, seguramente habían identificado de manera muy cercana el área desde donde Pablo Escobar se había comunicado. Pensando con el deseo creímos que la interrupción tan abrupta en la última llamada habría sido motivada porque el objetivo estaba ya muy cercado en algún lugar de Medellín. Fueron pocos minutos, pero al mismo tiempo una larga espera, hasta que finalmente el capitán Martínez se comunicó con María Emma y en voz exaltada y muy eufórica le dijo: "¡Misión cumplida, viva Colombia!". La cara de la joven analista de inteligencia que había permanecido por largos meses en una oficina improvisada en el centro financiero de Bogotá me transmitió, sin decir una palabra, que el final de Pablo Escobar había llegado.

Como he descrito, el cuestionario que el periodista Lesmes hizo llegar a Residencias Tequendama habría de ser fundamental en el desenlace de esta historia. Tres décadas después él aceptó responder algunas preguntas para este libro sobre esos momentos. Su testimonio es revelador.

A estas alturas del relato y admitiendo con franqueza que existen distintas versiones sobre quién dio de baja finalmente a Escobar, debo decir que los dos relatos que en mi opinión más se ajustan a la realidad son los consignados por el coronel Hugo Aguilar en su libro *Así maté a Pablo Escobar* y la descripción publicada en el libro *Caza al hombre*, escrito por Javier Peña y

Steve Murphy. En últimas, estoy convencido de que el golpe histórico que terminó con un ciclo de violencia que nos ha marcado y nos marcará por muchos años, fue el resultado de una operación policial donde el mérito recae en funcionarios que actuaron arriesgando su vida de manera anónima y muy sacrificada. Por eso, una vez más, incluyo esos reveladores momentos.

Así maté a Pablo Escobar:

Cuando estuvimos frente al inmueble observé que en la casa de al lado estaban fundiendo una placa de concreto. Todos tomamos posiciones. Luego les advertí a los trabajadores de la obra que yo era del Bloque de Búsqueda y que se tiraran al piso porque íbamos a hacer un operativo. Obedecieron sin chistar y dejaron la mezcladora prendida, que hacía mucho ruido porque era demasiado vieja.

Tras observar el panorama decidimos romper la puerta de entrada con maseta, y no con cordón detonante. Una vez adentro, vimos un taxi en el parqueadero y procedimos a hacer un barrido en la sala, en la cocina y en el cuarto del servicio del primer piso. No había nadie. El ruido de la mezcladora nos ayudó y Pablo no se dio cuenta de la rotura de la puerta.

Luego empecé a subir las escaleras que conducían al segundo piso. Cuando escuchó pasos dentro de la casa, Escobar dijo: "Aquí está sucediendo algo", y tiró el teléfono. Luego reaccionó con rapidez y sacó una pistola y nos disparó como cuatro veces; me agaché y se me fue una ráfaga de fusil al techo, que era de machimbre. Luego, Escobar corrió hacia una habitación, pero la puerta estaba con seguro y no abrió; en ese momento yo había sacado mi pistola. En fracciones de segundo nos hizo otro tiro y corrió hacia una habitación en la que había una ventana o hueco grande en la pared del fondo, con la intención de saltar hacia la casa de al lado; disparé y le pegué el tiro de semicostado, que le entró por la espalda, atravesó el corazón y se alojó en la mandíbula; y el agente Barragán, que es alto, por encima de mi cabeza le hizo un tiro de R-15 que le dio en el oído. En ese momento Escobar cayó por el hueco de la ventana. Los grupos que cubrían la parte de atrás, en los flancos izquierdo y derecho, empezaron a disparar e hicieron más de 150 tiros, pero solo uno rozó la pierna izquierda del capo. Cuando cayó de la ventana, Escobar ya estaba muerto. Los disparos hechos desde abajo por los policías que nos protegían no tenían línea de fuego y pegaban en la pared donde nosotros estábamos atrincherados.

Entonces le grité al capitán Flórez, a quien le decíamos Galletas:

—Galletas, Galletas, ¡alto al fuego!

—¡Jefe, está tendido sobre el tejado!

—¡Alto al fuego! Ya está muerto, nos van a matar a nosotros, le están pegando los tiros a la pared donde estamos atrincherados.

Finalmente, no hubo más disparos. Miré de reojo y lo vi desplomado sobre las tejas. En su mano derecha tenía la pistola Sig Sauer y en la sobaquera portaba otra, marca Glock. Luego grité:

—¡Voy a saltar!

Salté al tejado y me di duro porque era muy alto. Era tanta la adrenalina del momento que no sentí dolor. Me acerqué sigilosamente, retiré con el pie la pistola, guardé la mía, lo cogí de la camisa, le miré bien la cara y sobre todo las cejas, le quité el reloj y lo detuve a las 3:20 de la tarde. Luego lo cogí de la camisa e hice un gesto de que sí era Pablo Escobar. Tomé el radio y grité:

—Viva Colombia, murió Pablo Escobar.

Caza al hombre:

La unidad de la Dijín con la que trabajábamos codo con codo salió de la base acompañada del teniente Hugo Martínez y de las

158

unidades encargadas del equipo de radiogoniometría. El equipo usaba la triangulación para localizar de dónde procedían las frecuencias de radio. En ese tiempo, los teléfonos móviles funcionaban mediante radiofrecuencias, y el teniente Martínez había pasado meses averiguando la que usaba Escobar para hablar con su familia, que, en aquel entonces, eran los únicos residentes del hotel Tequendama en Bogotá. Conocíamos en qué frecuencia estaba hablando Escobar cuando se puso en contacto con su hijo para darle instrucciones y saber las novedades.

Cada vez que el teniente Martínez se acercaba con su equipo de radiogoniometría, los hombres de la Dijín se organizaban en la zona general de la señal. Después del almuerzo me quedé de pie en la puerta de la sala usada por la Fuerza Delta y los Navy SEAL (los otros gringos en la base) y vi al agente de la CIA salir de la base en coche con el equipo de vigilancia de la agencia, ajeno por completo al entusiasmo que los rodeaba. Al mismo tiempo, vi al equipo ejecutivo del coronel Martínez yendo a toda prisa al despacho del coronel. Los seguí para ver qué estaba pasando. Cuando llegué a la puerta, el coronel Martínez me hizo un gesto para que entrara en su oficina con los demás. Estaba hablando y escuchando a través de una radio portátil de la policía. Los otros agentes colombianos estaban evidentemente emocionados y hacían los preparativos para montar una operación de todo el Bloque de Búsqueda. Como es lógico, se tarda más de algunos minutos en tener equipados y listos a seiscientos agentes de policía, con los vehículos de transporte en marcha y estacionados, informar a los distintos niveles de mando de lo que está sucediendo y luego juntar a todas las tropas para salir. No estaba seguro de con quién estaba hablando por radio el coronel Martínez, pero supuse que era el grupo de avanzada de la Dijín. Creían que habían localizado a Escobar. Y luego todo pareció ocurrir en un santiamén. El equipo ejecutivo de Martínez empezó a hablar de las distintas tácticas y alternativas, pero era evidente que el coronel Martínez tenía todo bajo control. Dijo a su gente sobre el terreno que estábamos reuniendo a todos y nos dirigiríamos allí lo antes posible. Daba la impresión de que quisiera que las tropas de primera línea esperaran hasta que llegara ayuda, pero también les dijo que siguieran adelante con su misión si no había elección. Luego la radio enmudeció durante algunos minutos y temí que fuera otra falsa alarma. En los dieciocho meses que habían transcurrido desde que Escobar se fugó de la cárcel, habíamos pasado por miles de redadas y cientos de avistamientos de Escobar. En todos los casos nos eludió. Aun así, algo había cambiado. Todos hablaban en voz baja con el coronel y se respiraba una sensación de emoción muy diferente. Me quedé completamente inmóvil, esforzándome por escuchar la radio de la policía. Tras lo que pareció una eternidad, se oyó una voz triunfal por encima de las interferencias de la radio. «¡Viva Colombia!» Todo el mundo en la sala prorrumpió en un gran aplauso. Todos supimos que Escobar estaba muerto.

Poco después, ya en calma en la oficina de fachada, le pregunté a María Emma por los angustiosos momentos que vivió durante el tiempo que escuchó las llamadas finales de Pablo Escobar. Se le hizo un nudo en la garganta y recordó que, en la tercera y cuarta llamadas, cuando el capo pidió hablar con Manuela o con Juan Pablo, lo sintió desesperado, como en una soledad absoluta. También lo percibió desencajado. María Emma cree firmemente que en esos instantes Juan Pablo Escobar llegó a presentir que su padre estaba entregado, como esperando un desenlace; que su padre no era el mismo de siempre, que era un Pablo Escobar derrotado, aburrido, como si supiera que no volvería a ver a su familia, convertida al final en su verdadero talón de Aquiles.

* * *

La búsqueda sistemática de Pablo Escobar había llegado a su fin. Habían pasado casi quinientos días desde cuando se fugó de la cárcel de La Catedral. Pero ahora, sin la sombra del narcoterrorismo, pero con el narcotráfico ahí, era el momento de pensar en calma y mirar hacia el horizonte. Así lo hicimos el 6 de diciembre de 1993, escasas 72 horas después de la muerte del capo, cuando se reunió el Consejo de Seguridad Nacional, una instancia superior en el andamiaje del funcionamiento del país. Precisamente, para esa reunión proyecté el siguiente documento que resumía en plata blanca el panorama que nos esperaba:

La lucha sistemática contra el cartel de Medellín ha generado una disminución notable del narcoterrorismo y un proceso de acomodación de organizaciones intermedias dedicadas al narcotráfico.

Los denominados carteles intermedios o de bajo perfil deben combatirse de tal manera que no se plieguen al denominado cartel de Cali, o se constituyan en una nueva organización de características desestabilizadoras para las instituciones del país.

Las maniobras distractoras del cartel de Cali han conducido a las autoridades a considerar la entrega inminente de un grupo de traficantes de esa organización; sin embargo, no existen elementos que permitan afirmar y avalar esta apreciación. Lo que se quiere significar es que frente al cartel de Cali debe actuarse con contundencia, evitando a toda costa ser víctimas de la desinformación que desde allí se genere.

El sentimiento triunfalista que se constata a nivel de algunas autoridades no puede conducir a situaciones de impunidad. La baja de Pablo Escobar no puede conducir a la aplicación de medidas que favorezcan los intereses procesales de los reclusos de la cárcel de Itagüí.

Existe evidencia de que Roberto Escobar pretende convertirse en la figura que aglutine los reductos del cartel de Medellín, por lo cual resulta impostergable considerar cursos de acción para aislarlo del medio que lo rodea.

Las operaciones en cubierta contra las organizaciones de fachada, sectores financieros y testaferros de los narcotraficantes deben convertirse en objetivo primordial de las agencias de seguridad.

Es previsible que tal como ocurrió con la muerte de Gonzalo Rodríguez Gacha, se inicia una campaña de vendettas internas entre los narcotraficantes con miras a asegurar el poder económico de las figuras más reconocidas de esta modalidad delictiva.

Los efectos y la magnitud del golpe propinado al narcotráfico son en la actualidad inconmensurables, situación que nos lleva a reflexionar sobre estrategias y acciones encaminadas a fortalecer la solidez y el prestigio del gobierno y sus instituciones.

Las recriminaciones mutuas que se han generado recientemente entre la Fiscalía, la Procuraduría y otros organismos, deben superarse mediante la capitalización compartida del éxito obtenido por el Bloque de Búsqueda.

La muerte del narcoterrorista no sólo debe significar la desescobarización del interés nacional, sino que debe reubicar al delito del narcotráfico en un ámbito policial y no de seguridad nacional.

La imagen que hoy se ofrezca de Colombia es la de un país que ha superado el riesgo desestabilizador producido por el narcotráfico y en este orden de ideas debe contribuir a propósitos estratégicos de políticas internacional y económica.

El éxito del Bloque de Búsqueda debe convertirse en el éxito global de la fuerza pública.

El modelo del Bloque de Búsqueda, según el perfil de cada región, debe ser extendido y probado en distintas ciudades del país.

A toda costa debe evitarse que el grado de credibilidad alcanzado por la baja de Escobar sea desdibujado por campañas de desinformación de narcotraficantes y guerrilleros.

Muy a pesar de que por años había deseado el final de Escobar, tarea que por momentos aparecía siempre como inconclusa, lo cierto es que cuando tuve la certeza de que el capo de capos había muerto, mi reacción fue muy confusa. Desde luego sentí un gran alivio y satisfacción, pero a diferencia de otras operaciones, en las que celebré los resultados con júbilo y euforia, en este caso por mi mente pasaron las imágenes de una película de terror muy larga en la que cada éxito parcial obtenido gracias a la tarea heroica del Bloque de Búsqueda, la respuesta de Escobar era más violenta. Fueron años en los que la espiral de violencia nunca se detuvo y ahora que el capo había sido definitivamente aniquilado, la idea de una retaliación por su muerte no me perseguía y eso era tal vez lo único que me producía un poco de tranquilidad.

En la noche de ese viernes 2 de diciembre de 1993, después de contagiarme de esa especie de júbilo nacional, salí de Residencias Tequendama en el pequeño taxi en el que me había movilizado por meses. Llegué a mi casa, nos abrazamos con Claudia y las niñas y decidimos salir hacia la casa de mis padres en Guaymaral, donde había comenzado esta última etapa de mi vida profesional.

Cuando llegamos, mi sorpresa fue grande pues mis padres, mis hermanos y toda la familia nos estaba esperando. Como suele suceder en estos casos, la conversación estuvo saturada de preguntas que esperaban una respuesta de mi parte que francamente no tenía. Aún recuerdo una expresión que durante muchos años escuché de mi mamá, quien solo con mirarme siempre adivinaba qué estaba pasando conmigo. Con su entonación y hablado muy paisa dijo: "Mijo, te veo más preocupado que alegre". No supe que decir. La verdad es que ya estaba pensando qué sería de mi futuro y de la nueva misión que me asignarían. No estaba equivocado.

CAPÍTULO 7

Los Pepes

Dos rasgos caracterizan el ejercicio del crimen organizado: la violencia y el terror. Pablo Escobar, como ya he explicado, sobre la premisa de plata o plomo logró mantener por años un control hegemónico sobre el cartel de Medellín, pero también ejerció una presión sistemática sobre sus rivales y competidores. Este recurso le resultó muy útil y efectivo hasta el día que ordenó asesinar a sus socios de la familia Galeano y Moncada, cuando ya estaba privado de la libertad en la cárcel de La Catedral. Ese momento marcó un punto de inflexión que exacerbó la violencia entre mafiosos y dio origen a una temible organización conocida como Perseguidos por Pablo Escobar, los Pepes.

Ni el propio Pablo Escobar, y me atrevo a decir que las autoridades tampoco, habíamos previsto un nivel de violencia tan macabro como el que pusieron en práctica quienes dieron origen a esta organización, cuyo único propósito era aniquilar a quien después de haber considerado por muchos años su jefe natural y amigo, ahora lo veían como un traidor dispuesto a matar a quien pretendiera atravesarse en su camino.

Alrededor del origen de los Pepes existen varias versiones, pero confieso que la que más me ha llamado la atención después de tantos años de muerto el capo, es la que surgió del teniente coronel Hugo Aguilar, uno de los protagonistas policiales más comprometido en la persecución del jefe del cartel de Medellín. A ese respecto me referiré más adelante en este capítulo.

Mencionar, por lo tanto, el papel y el impacto que se produjo desde las entrañas del narcotráfico es una obligación que aún tengo, por respeto a los lectores, por respeto a la historia y por respeto a las víctimas de la cruel guerra narcoterrorista que vivió Colombia hace ya treinta años. Es por esto por lo que este libro no podía no incluir un capítulo sobre el papel que cumplió en esa época la organización clandestina e ilegal conocida como los Pepes.

Y lo incluyo porque ese tema se convirtió en un hueco negro, en una especie de agujero negro, una zona gris y turbia que de alguna manera empañó el triunfo final del Estado contra el cartel de Medellín y contra Pablo Escobar, el peor delincuente de la historia de Colombia.

Lo primero que debo decir, por lo que me consta, es que los Pepes no fueron un invento del gobierno, ni de los organismos de seguridad del Estado, ni de las agencias estadounidenses que nos apoyaron a fondo. Fueron un invento que el propio Escobar ayudó a configurar en la mente de sus enemigos y en la guerra sin cuartel que desató contra quienes habían sido sus socios históricos, pero que en cierto momento se negaron a seguir bajo sus órdenes. Desde luego, cuando impuso una cuota obligatoria tazada en miles de dólares a cada uno de sus socios para mantenerse en la clandestinidad, estaba pavimentando el camino para que sus socios disidentes se organizaran bajo la sigla Pepes.

¿Y por qué afirmo de manera tan puntual que los Pepes fueron un invento del propio Escobar? Porque en la primera semana de julio de 1992 citó a la cárcel de La Catedral a Fernando Galeano y a Gerardo "Kiko" Moncada, dos poderosos e influyentes narcotraficantes que habían incumplido en la entrega de cuotas obligatorias que el capo les había impuesto para seguir operando varias rutas exitosas del cartel de Medellín. Los detalles de lo que sucedió aquel día están contados en el tercer capítulo de este libro.

La purga desatada por Escobar iba más allá, porque ese mismo día también había citado a La Catedral a los hermanos Fidel y Carlos Castaño y a Diego Murillo Bejarano, don Berna, pero, por diversas circunstancias ninguno subió a La Catedral y por ello salvaron sus vidas. Escobar había sentenciado a los hermanos Castaño porque sospechaba que les suministraban información a los capos de Cali y al DAS.

Los Castaño, al lado de Moncada y Galeano, conformaban el que se podría denominar segundo nivel del cartel de Medellín, es decir, se encargaban del tráfico de cocaína y proveían de inmensos recursos a Escobar. Eran verdaderas máquinas de producir dinero porque controlaban rutas muy productivas para la organización. Y a Berna porque tenía como función principal proteger a Galeano y, además, en ese momento, ya había constituido la tenebrosa banda de La Terraza, una red sicarial que daría origen a la Oficina de Envigado.

Cuando se conocieron públicamente los detalles de la salvaje manera como Moncada y Galeano fueron asesinados y sus cuerpos desaparecidos dentro de La Catedral, el mundo criminal de Medellín se sacudió. Nadie estaba a salvo, ni siquiera los que se consideraban 'amigos' de Escobar. Y mucho menos, después de que el capo escapó en la mañana del 22 de julio de 1992, cuando el gobierno ordenó su traslado en una fallida operación militar. Escobar había huido con sus más importantes lugartenientes y por la manera tan fácil como lo hizo parecía más retador, más poderoso frente a una sociedad aterrorizada que además carecía de las herramientas necesarias para enfrentarlo.

Escobar vivía rodeado de criminales, de asesinos, de traficantes, y los hechos ocurridos los convencieron de que desde su ingreso a La Catedral había traspasado todos los límites y desconocido las más mínimas lealtades, si es que ellas existen en un entramado tan turbio y oscuro. Habían entendido que recién se sometió a la justicia en junio de 1991, el capo ordenó el asesinato de su declarado enemigo Henry de Jesús Pérez, el poderoso jefe de las autodefensas del Magdalena Medio, quien cayó el 20 de julio en una procesión religiosa en sus dominios de Puerto Boyacá. Ese día murieron otras siete personas, entre ellas cinco niños.

Pero no entendieron las muertes de Fernando Galeano y Gerardo Moncada, socios y financistas de Escobar, y por eso las distintas fuerzas que componían el poderoso cartel de Medellín empezaron a buscar opciones para no sucumbir ante su aplastante poder.

Los 12 del patíbulo

Por ello, ya en la distancia que dan los años, es dable identificar la manera como la mafia se movió para minar el poder de Pablo Escobar.

Tuvieron que juntarse muchos y muy variados delincuentes para lograrlo. El foco ha estado siempre en los Pepes y en realidad ellos son el objetivo de este capítulo, pero no se puede pasar de largo sin hablar de los llamados 12 del patíbulo.

Esa fue una docena de narcos, socios de Escobar, que habían alcanzado elevado estatus dentro del cartel y se codeaban con él en todos los ámbitos. Pero tras los últimos acontecimientos y con el capo prófugo, decidieron acercarse a la Fiscalía con el múltiple propósito de delatar sus fechorías, colaborar en la persecución revelando información y obtener beneficios judiciales de la política de sometimiento a la justicia vigente en aquellos días.

La estrategia les funcionó, porque un año después, en julio de 1993, y en una decisión no exenta de controversia, la Fiscalía les otorgó una especie de amnistía, un perdón, un salvoconducto que significó el archivo de los procesos judiciales en su contra. Los favorecidos fueron Luis "Micky" Ramírez, Pablo Agredo Moncada, Frank Cárdenas, Hernán Sepúlveda Rodríguez, Eugenio García Jaramillo, Benito Mainieri, Guillermo Blandón Cardona, Armando Muñoz Azcárate, Gustavo Tapias Ospina, Luis Guillermo Ángel Restrepo, Luis Giovanni Caicedo y Gabriel Puerta Parra.

En la enrevesada ecuación de los 12 del patíbulo, así como en la de los Pepes, estuvieron involucrados a fondo los capos del cartel de Cali, que encontraron en los desencantados mafiosos de Medellín la fórmula ideal para enfrentar a Escobar, su archienemigo, a quien tampoco habían logrado vencer.

Ahora sí hablemos de los Pepes, cuyo origen a lo largo del tiempo está más o menos claro. Es una historia que de alguna manera ha sido documentada por los protagonistas, la mayor parte del lado de quienes tomaron la decisión de enfrentar a Escobar porque sabían que ellos serían los próximos.

Las diferentes investigaciones al respecto indican que la idea de crear una organización identificada claramente como de enemigos de Pablo Escobar surgió inmediatamente después de su fuga de La Catedral. Al respecto quiero referir inicialmente dos textos que pueden ilustrar ese momento. El primero es un relato de la exreina Aura Rocío Restrepo, durante ocho años compañera sentimental del capo de Cali, Gilberto Rodríguez Orejuela, quienes fueron capturados por el Bloque de Búsqueda el 9 de junio de 1995.

En 2014, ella publicó el libro *Ya no quiero callar* y en uno de sus apartes refiere el nacimiento de los Pepes:

En la heladería Ventollini de la avenida sexta de Cali, un hombre con jean gastado y camiseta blanca rota espera que lo recojan. Se llama Fidel Castaño y nadie que lo haya visto esa tarde habrá de recordarlo. Es la última semana de julio de 1992 y hace pocos días ha escapado Pablo Escobar de la cárcel La Catedral. Castaño le ha pedido cita a Gilberto Rodríguez Orejuela a través del capo del norte del Valle Iván Urdinola Grajales, pues tiene varias ideas para enfrentar al enemigo público número uno del país y de buena parte del mundo.

El 'Capi', hermano del 'Flaco', lo recogió en la heladería y lo llevó a una de las casas de los Rodríguez en Ciudad Jardín, al otro extremo de Cali, donde esperaban Gilberto, Miguel, 'Chepe' y 'Pacho'. Los cuatro acordaron actuar con cautela ante Castaño porque no solo desconfiaban de él, sino que lo consideraban un bandido de mucho cuidado.

Tras una larga reunión con los jefes del cartel de Cali, Castaño esbozó una estrategia que incluyó opciones que ellos tenían descartadas, entre ellas atacar a la familia. Esa noche y tras varias horas de charla, surgió el grupo Perseguidos por Pablo Escobar, Pepes. Fue el comienzo del fin del jefe del cartel de Medellín. A partir de ese día, los hermanos Fidel y Carlos Castaño hablaban frecuentemente con Gilberto por teléfono y cuando era necesario o había que tomar decisiones urgentes enviaba al 'Capi' como emisario a Medellín.

Gilberto se convirtió en eje de la guerra contra Escobar y de un momento a otro se reunía casi todos los días con personajes que habían abandonado al capo de Medellín. Cada aliado fuerte que llegaba a Cali era uno que Pablo perdía. Recuerdo que quienes lo llamaban con mayor frecuencia eran Gustavo Tapias, 'Techo' y Luis Ramírez, 'Micky' Ramírez, uno de los últimos socios de Escobar.

La intervención de los Rodríguez Orejuela y los demás capos del cartel de Cali era entendible y así debió medirlo Fidel

Castaño cuando les propuso hacer parte de los Pepes. Y fieles a su estilo, y sin que esto que voy a decir suene apologético, se la jugaron a fondo, pero sin protagonismo, para acabar con su archienemigo. Recordemos que en el pasado los capos de Cali, pero principalmente los Rodríguez, participaron de la guerra, pero haciendo lo posible para que su mano fuera lo más invisible posible y que las retaliaciones fuesen ejecutadas por terceras personas, aunque en últimas los responsabilizaran como determinadores intelectuales.

Desde la Secretaría del CEC yo percibía que la alianza de los Rodríguez con los Pepes tenía un trasfondo relacionado con el honor. Es que Escobar les había propinado a los capos de Cali golpes contundentes, como la destrucción de decenas de sucursales de drogas La Rebaja. No olvidemos que los Rodríguez se consideraban una especie de mafia generadora de empleo, de riqueza, de contactos políticos, con operaciones de lavado de activos muy, muy sofisticadas. Es por eso por lo que ellos tenían un interés muy marcado en quitar del camino a Pablo Escobar.

El 26 de junio de 1994, seis meses después de la muerte de Escobar, la revista *Semana* entrevistó por primera vez a Fidel Castaño, quien fungía como comandante de las autodefensas de Córdoba y Urabá. Allí, el delincuente refirió la génesis de los Pepes:

> Algún día, a Pablo alguien tenía que combatirlo utilizando sus mismos métodos. Pablo ponía bombas, secuestraba y luego asesinaba a sus amigos, no sin antes haberles quitado todo su dinero y propiedades. Torturaba y desaparecía a centenares de personas. No era entonces con consejos como íbamos a enfrentar a tan demencial sujeto. El pueblo quería que destruyéramos a Pablo sin violencia, pero no era posible. Si así se hubieran manejado las cosas, hoy todos nosotros y el mismo gobierno estaríamos nuevamente arrodillados frente a este monstruo.

Y respondió la pregunta obligada de quiénes financiaron a los Pepes:

No hubo problemas en ese aspecto. Industriales, políticos, ganaderos, aportaban dinero. También nosotros reunimos y lo destinamos para esa causa.

El fantasma, Carlos Castaño

Tras su conformación 'oficial' en septiembre de 1992, los Pepes cumplieron inicialmente una función operativa en el bajo mundo de Medellín para conseguir información relevante que hacían llegar a las autoridades. En esa primera etapa al parecer no tuvieron contacto directo con oficiales del Bloque de Búsqueda, pero sí sucedió que un personaje al que apodaron como el Fantasma empezó a llamar a advertir sobre el lugar donde estallarían carros bomba. El desconocido se comunicaba minutos antes de la detonación y aunque la explosión ocurría, sí lograba evitar la muerte de muchas personas.

Interesados en el efectivo informante ocasional, el Bloque de Búsqueda buscó la manera de hablar con él y para ello fue encomendado Hugo Aguilar, uno de los oficiales encargados de las operaciones de esa unidad especial. El encuentro en algún lugar de Medellín y rodeado de múltiples desconfianzas de lado y lado, sirvió para identificar al Fantasma: Carlos Castaño. El relato de esa reunión aparece en la página 139 del libro de Aguilar, titulado *Así maté a Pablo Escobar*, publicado en 2015.

Dialogamos por largo rato. Me explicó que ya no confiaba en Pablo Escobar porque le había asesinado a dos amigos y a un comandante de las autodefensas y presumía que iba a hacer lo mismo con muchas personas más, incluidos él y su hermano Fidel.

Luego me entregó datos sobre los sitios donde ocultaban dinamita y armamento, que resultaron positivos. Finalmente, sobre el paradero de Escobar dijo que no tenía información alguna. Del Fantasma, Carlos Castaño, debo decir que después de esa cita conmigo desapareció y no volvimos a saber de él.

Ya en 1993, los Pepes radicalizaron su estrategia y se decidieron a ejecutar operaciones armadas de intimidación y persecución contra el entorno más cercano a Pablo Escobar. Desde su creación, además de entregar información, se habían limitado a hostigar a los abogados del capo y hasta asesinaron a uno de ellos, pero todo había de cambiar el 30 de enero, cuando se produjo el estallido de un carro bomba en pleno centro de Bogotá que les causó la muerte a veinticinco personas.

En forma inesperada, al día siguiente, comandos armados destruyeron la finca La Cristalina, en el oriente antioqueño, propiedad de Hermilda Gaviria, la madre de Escobar, y en la parte de El Poblado detonaron dos carros bomba contra inmuebles de familiares del capo. Tras los ataques, los Pepes anunciaron públicamente la reactivación de su aparato armado y le notificaron a Escobar que toda acción terrorista que realizara sería respondida con retaliaciones a su familia y a sus colaboradores más cercanos, incluidas sus familias.

Entonces, empezó a suceder algo que no le había pasado a Pablo Escobar: que lo sacaran de casillas emocionalmente y lo pusieran a administrar situaciones de riesgo y crisis. Ahora, el que no podría dormir tranquilo era él y eso lo llevó a quebrarse y a reaccionar ya no de una manera racional, como lo había hecho siempre, a pesar de su perversidad, sino que le habían tocado fibras muy sensibles que poco a poco lo llevarían a cometer errores.

Debo admitir que este cambio de ecuación, es decir, con los Pepes operando con comandos armados, como sucedió en los ataques posteriores a la bomba en Bogotá, algo que tampoco había pasado antes, se produjo un desbalance al romperse una especie de mito alrededor del cartel. ¿Cuál? El de que Pablo Escobar era capaz de mantener la unidad y la lealtad dentro del cartel a toda costa, de imponer el terror y eliminar a quienes sospechaba eran traidores. La invencibilidad del jefe se rompió de manera irremediable porque buena parte de los Pepes eran justamente sus antiguos socios de andanzas criminales, referidas no solamente al tráfico de coca, sino también al lavado de activos y a la cobertura social que recibía, representada en la protección tanto de él como de todo su entorno, no solamente en Antioquia, sino en el valle de Aburrá y el área metropolitana de Medellín.

A partir de febrero de 1993, Pablo Escobar debía medir muy bien sus pasos y moverse bajo el síndrome de la desconfianza, porque si bien siempre había sido receloso, ahora entraba en una etapa que yo calificaría como de la paranoia, la desconfianza extrema.

Tras esos ataques tan puntuales y certeros, identificamos que los Pepes tenían tres finalidades: primero, golpear emocionalmente a Escobar con acciones que lo tocaran en sus fibras más íntimas; segundo, establecer canales de comunicación informativa para acelerar las operaciones de búsqueda y localización; y tercero, producir golpes cercanos y materiales contra el capo. En todos los casos, sus enemigos tenían una ventaja y era que en general sabían de sus escondites, de los lugares de habitación de su familia, de los enlaces que servían a su organización, de los abogados que le colaboraban, de quiénes le facilitaban el flujo de dinero.

Detrás de todo esto se percibía la impronta de los Castaño, que desde siempre habían jugado a hacer la guerra, ya como narcotraficantes o como paramilitares, pero era innegable que tenían una estrategia para acabar con Escobar.

Por eso, empezaron por realizar operaciones concretas para romper la unidad del cartel y minar la lealtad de los colaboradores de Escobar directos e indirectos. Se notaba un esfuerzo de esa organización por reclutar, sonsacar personas para que se pusieran al servicio de los intereses de los Pepes. En forma paralela, abrieron canales de información hacia la Fiscalía para ofrecer información puntual sobre el conjunto de actividades desarrolladas por el cartel de Medellín.

Los Pepes sabían que Escobar ejercía un mando de control vertical sobre su organización, al tiempo que tenía un entendimiento horizontal con otros grupos mafiosos que estaban más en la sombra y que eran el verdadero soporte del narcotráfico en Colombia, tanto en tareas de lavado de activos, como de penetración política y corrupción institucional.

Fidel Castaño, el operador de los Pepes

Ya hablando en concreto, debo decir que en ese momento de la guerra emergió la figura de Fidel Castaño –de quien hoy día existe un perfil más mítico que real–, que habría de convertirse en un enemigo inteligente, sagaz, peligroso, poderoso en términos económicos y, además, con un trato cercano a un grupo mafioso que le entregó y le depositó toda su confianza y además avaló su propuesta de organizar el grupo Perseguidos por Pablo Escobar.

Recuerdo muy claramente que cuando vi los primeros comunicados expedidos por los Pepes, así como las acciones violentas acompañadas de letreros puestos encima de sus víctimas en los que los señalaban de colaborar con Escobar, pensé que serían un remedio peor que la enfermedad, pero al final peores que la misma enfermedad. Y que, si bien se trataba de acelerar la búsqueda de Pablo Escobar por parte de esa iniciativa mafiosa y en algún momento podría ser efectiva y efectista en relación con la localización del capo, ese camino sería tortuoso e incrementaría los niveles de violencia. Y como se ha sabido con el tiempo, también produciría corrupción de algunos integrantes de la institución.

Francamente, debo decir que cuando los Pepes empezaron a tener notoriedad pública, el director de la Policía, el general Miguel Gómez Padilla, fue muy reiterativo en decir que se debía contener y judicializar a los Pepes porque sus actividades agravarían el panorama de violencia en el país y señaló que en un estado de derecho el monopolio de las armas y de esas acciones debía estar en cabeza única y exclusivamente de la fuerza pública.

Desde el nivel central resultaba lógico y obvio y ético pensar así, pero a lo largo del tiempo tengo la impresión de que algunos funcionarios policiales que estuvieron comprometidos en el Bloque de Búsqueda sintieron una especie de alivio porque había llegado un nuevo aliado para ayudar a contener a un demonio que estaba fuera de control y que había decidido destruir indiscriminadamente a inocentes y también a policías y fiscales. Los Pepes eran vistos como una fuerza de cierta manera necesaria para acelerar el derrumbe del cartel de Medellín, en medio de una situación desesperada. La frase que más nos preocupaba en el CEC, que empezó a aparecer frecuentemente en distintos medios y también en las conversaciones de los ciudadanos, era que Pablo Escobar estaba arrodillando al Estado colombiano.

La oscura ecuación que plantearon los Pepes no tardó en generar vasos comunicantes con funcionarios de la Fiscalía y con la propia Policía y el DAS, que al final terminaron por desdibujar las fronteras entre lo legal y lo ilegal. La colaboración ciudadana en la búsqueda de la aplicación de la ley es normal, pero aquí se trataba de algo más. Era una supuesta colaboración efectiva, con acciones armadas que claramente estaban por fuera de la ley. Y por eso habría de llegar lo inevitable: la corrupción de funcionarios de distintas entidades.

Desde la Secretaría Técnica del CEC veía que las acciones de los Pepes eran tan públicas y notorias que resultaba imposible pensar siquiera que en el alto gobierno no se percataran de ese fenómeno, que no evaluaran una colaboración tan complicada y riesgosa.

De hecho, tengo presente al menos una conversación privada con el ministro de Defensa, Rafael Pardo, con quien analizamos de dónde había salido el nombre de los Pepes. Al respecto dijo: "Los que son los especialistas en crear siglas para iluminar unidades operativas, pues son ustedes". Se refería a la Policía y al Ejército, un poco insinuando que el acrónimo de Pepes era resultado de alguna asesoría que les había podido llegar a Fidel Castaño y a su gente para que se bautizaran de esa manera.

El comentario me pareció racional, intuitivo, un supuesto que había que trabajar. De esas palabras del ministro pude inferir que había una cierta sospecha de que gente nuestra, de la institucionalidad, estaría o podría estar vinculada de manera directa o indirecta con esa organización. Eso es lo más puntual que sucedió en aquella época respecto de ese asunto, que quedó ahí. Pero con el paso de los años, y como se trata de un tema tan complejo, respecto de a quién se le ocurrió el nombre de los Pepes también han surgido al menos dos versiones.

La primera es del propio Fidel Castaño, en la entrevista que dio a *Semana* en abril de 1994:

> Cuando todo el mundo se dio cuenta de que en la cárcel llamada La Catedral, donde se encontraban recluidos Pablo Escobar y su gente, se había convertido en un fortín donde se cometieron asesinatos y desde donde se daban órdenes para secuestrar, asesinar y extorsionar a los industriales, a los comerciantes, a los ganaderos

y a los ciudadanos económicamente pudientes, varias personas prestantes me buscaron para pedirme que liderara un grupo de autodefensa contra Pablo Escobar. A mí se me ocurrió ponerle el nombre de 'Perseguidos por Pablo Escobar'.

Otra cosa dice el coronel Hugo Aguilar en su libro, que ya mencioné, *Así maté a Pablo Escobar*:

> La situación era más que preocupante y por eso nos reunimos una vez más todos los oficiales de inteligencia del Bloque de Búsqueda para buscar la manera de desmentir las acusaciones que nos hacía Escobar (que el Bloque de Búsqueda estaba aliado con sus enemigos). Buscamos varias fórmulas, pero todas caían al vacío porque sabíamos que la opinión pública no nos iba a creer. En esas estábamos cuando reparé en la marca de jean que usaba el agente de la Policía que en ese momento servía tinto: Pepe.
>
> —¡Miren! Ahí está la solución. A esa sigla, Pepe, agreguémosle una 'S' y queda 'Pepes', Perseguidos por Pablo Escobar.
>
> Así, por increíble que parezca, surgió la palabra que identificaría a quienes osaban enfrentar a sangre y fuego el poder de Escobar. Sé que en alguna entrevista el narcoterrorista Fidel Castaño sostuvo que él ideó la palabra 'Pepes', pero no es así. A los oficiales que ese día escucharon mi propuesta les pareció bien y entonces acordamos que en adelante cada vez que los enemigos de Escobar cometieran un crimen o un atentado, pondríamos un papelito en el que se lo atribuían los Pepes.

Lo que sucedió en adelante fue muy complejo para el Bloque de Búsqueda porque Pablo Escobar, que como ya he dicho era audaz a la hora de comunicarse con la opinión pública, se dedicó de manera sistemática a vender el mensaje de que los Pepes y el Bloque de Búsqueda se habían aliado para enfrentarlo, pero apelando a la guerra sucia contra su familia. La verdad es que el capo logró vender la idea de que las fuerzas que lo perseguían se habían corrompido y por eso no lograban localizarlo. Encontró un filón muy efectivo para desprestigiar al Bloque de Búsqueda y más concretamente a sus comandantes, y lo hizo de una manera tan eficaz que hasta el propio fiscal general se fue encima de esa unidad especial.

La recompensa por los Pepes

Un punto de quiebre en un tema tan enredado habría de ocurrir tras el atentado contra el Centro 93, al norte de Bogotá, el 15 de abril de 1993. Muchas cosas pasaron en muy pocas horas. Al día siguiente, los Pepes anunciaron la guerra frontal contra Pablo Escobar y en cuestión de horas sus comandos armados asesinaron al abogado Guido Parra y a su hijo Guido Andrés y destruyeron cuatro fincas propiedad de hombres cercanos a Escobar.

La situación era muy grave y de manera inmediata el gobierno dio señales encaminadas a demostrar que no estaba dispuesto a permitir que se asociara a los Pepes con los cuerpos de seguridad del Estado y mucho menos que desde la Casa de Nariño se estaba de acuerdo con ello. Y lo hizo de una manera, a mi manera de ver, contundente:

> El Gobierno Nacional condena de la manera más enérgica los actos terroristas que han azotado a las ciudades de Bogotá y Medellín en los últimos dos días. Hechos como el del carro bomba que explotó en la tarde de ayer, en el norte de Bogotá, que afectó a cientos de personas inocentes, son una muestra atroz de la demencia criminal de las organizaciones de narcoterrorismo y merecen el repudio absoluto de la Nación.

Es necesario hacer énfasis en que para el Gobierno y para la Justicia son tan terroristas quienes colocan bombas contra ciudadanos inocentes, como aquellos que pretenden combatir el terrorismo con los mismos métodos. Tanto unos como otros son una amenaza para la estabilidad y la tranquilidad del país, están por fuera de la ley y deben ser combatidos por igual por las autoridades.

Como lo expresó ayer el Gobierno Nacional, solo la acción coordinada y la solidaridad entre autoridades y ciudadanía podrán poner fin a la demencial acción del narcoterrorismo.

Por lo tanto, a partir del día de hoy, se ha incrementado a mil millones de pesos la recompensa que se ofrece a quien proporcione datos que permitan la captura de los cabecillas de la banda terroristas autodenominada los Pepes.

Las Fuerzas Armadas y los organismos de seguridad, como lo han hecho hasta el momento, no ahorraran esfuerzos para someter a la ley a los terroristas, sin importar su procedencia, ni los intereses que muevan su criminal actividad.

Tras el enérgico pronunciamiento del gobierno, los Pepes anunciaron su disolución con el argumento de que ya habían cumplido los objetivos militares que se habían trazado cuando decidieron enfrentar a Escobar.

Una vez ejecutada la acción terrorista en el centro comercial, el capo prácticamente desapareció y su hermano asumió su vocería debido a la renuncia del grupo de abogados que los representaba. La posibilidad de una segunda entrega a la justicia quedó planteada nuevamente y para el Comando Especial Conjunto era claro que el fiscal De Greiff había decidido jugársela por esa opción. Y para demostrar que eso era así, el 4 de agosto la Fiscalía dictó orden de captura contra los hermanos Fidel y Carlos Castaño, los jefes militares de los Pepes.

En este punto del relato quiero mencionar un personaje que apareció en la escena de una manera particular. Me refiero a Diego Murillo, don Berna, quien, como ya mencioné, fue uno de los que se salvó de la encerrona montada por Escobar en la cárcel de La Catedral y en la que murieron Fernando Galeano y Gerardo Moncada.

Debo decir que fue muy poca la información puntual que recibí en la Secretaría Técnica del CEC respecto de la colaboración que don Berna estaba prestando al Bloque de Búsqueda. Supe, sí, que él iba a la Escuela Carlos Holguín a entregar información sobre Pablo Escobar, que en general era muy efectiva. Pero sobre el papel que ese delincuente jugó en aquella época vine a encontrar información nueva en el libro *Caza al hombre*, escrito por los ex agentes de la DEA Javier Peña y Steve Murphy, publicado por editorial Planeta en junio de 2023. Esto dijeron sobre don Berna:

> (…) también llegó en un convoy de vehículos todoterreno –por lo general, Toyotas Land Cruiser negros y relucientes– y parecía estar siempre rodeado por una decena de guardaespaldas armados. A menudo lo veía hablar con los hombres de la Dijín. Una vez, Martínez (el coronel Hugo Martínez Poveda, comandante del Bloque de Búsqueda), quien se negó a reunirse con él, me confesó que tenía sus dudas sobre la información que Don Berna estaba compartiendo con sus hombres. Pero todos le seguimos la corriente, de acuerdo con las instrucciones de De Greiff. Fue uno de los miembros de élite del Bloque de Búsqueda, Danilo (González), quien me presentó a Don Berna. Recuerdo que lo más llamativo de él, además de su barriga, era su gigantesco reloj.

Los relatos de Javier Peña y de Steve Murphy siempre me han parecido fidedignos y ajustados a la verdad. En el caso de

Javier, debo reconocer que probablemente fue el agente especial de la DEA que más compromiso y riesgo asumió en la búsqueda de Pablo Escobar. De aquella época recuerdo su trato especial, cercano, con los policiales, su sencillez y sus dotes especiales de investigador. No había conversación con Javier en la que no hiciera preguntas pertinentes, asertivas, y lo hacía de tal manera que nunca generó desconfianza o distancia con los hombres de inteligencia del Bloque de Búsqueda. Tenía además la ventaja de que, tratándose de una persona de contextura corpulenta, sus rasgos físicos para nada reflejaban su nacionalidad y parecía un colombiano igual a todos.

Lo que ellos narran en ese aparte del libro resultó muy revelador porque la verdad es que, por lo menos yo, nunca fui informado de que don Berna llegó a entregar información al Bloque de Búsqueda autorizado por el mismísimo fiscal general. Lo que sí supe en su momento sobre esas visitas a la Escuela Carlos Holguín es que él entregó información que resultó cierta*.

Ahora que menciono a los agentes de la DEA, me parece pertinente hablar del papel de Estados Unidos durante ese periodo. Al respecto debo decir que, desde el primer momento, cuando aparecieron los Pepes, vi que se prendieron luces de alarma entre los diversos servicios de inteligencia estadounidenses. Las preguntas que afloraron entonces fueron detalladas: ¿qué se está haciendo para identificar y neutralizar a ese grupo

---

* Lo que sí se sabía de don Berna era que arrastraba un pasado como alguien que había pertenecido al grupo guerrillero Ejército Popular de Liberación, EPL, y luego incursionado en la delincuencia común y ascendido a jefe de sicarios en las comunas de Medellín. Su puerta de entrada al paramilitarismo fue justamente por su relación con Fidel y Carlos Castaño durante el periodo de operación de los Pepes. Es por esa razón que años después, ya en la década del 2000, se convirtió en Adolfo Paz, el flamante inspector general de las Autodefensas Unidas de Colombia que luego entró al proceso de negociación con el gobierno, pero habría de terminar extraditado.

criminal? ¿Qué tanta conexión puede haber directa o indirecta de las instituciones con ellos? ¿De dónde se están financiando? ¿Desde el nivel central se toleran esas acciones?

Estas inquietudes surgían a nivel diplomático, institucional. Eran preguntas repetidas, relacionadas con cuál sería el desenlace de esa organización –los Pepes–, porque de alguna manera en la mentalidad de los servicios de inteligencia y en el Departamento de Estado subyacía esta pregunta: llegado el fin de Pablo Escobar ¿qué sigue? ¿Los Pepes lo remplazarán?

Al final de esta dialéctica debo señalar que hasta el final de Pablo Escobar aquel 2 de diciembre de 1993, los Pepes estuvieron ahí y de alguna manera contribuyeron con el desenlace que todos conocemos. Lo digo porque desde el 18 de septiembre de ese año, cuando la esposa, los hijos y la nuera del capo llegaron al edificio Altos del Campestre para refugiarse porque estaba en trámite la reentrega del capo, los Pepes arreciaron su ofensiva para arrinconarlo.

Y lo hicieron donde más le dolía: durante esos meses atacaron a los mensajeros, las empleadas, los conductores y a todo aquello que significara acercarse al entorno más íntimo del capo, que, ya sabíamos, estaba acompañado por un sujeto. Pablo Escobar estaba solo y por esa razón buscó que su familia estuviera a salvo en otro país, Alemania. El desenlace ya lo conocemos.

Para el cierre de este capítulo quisiera rescatar estas palabras del expresidente César Gaviria, quien el 3 de septiembre de 2008 respondió una pregunta que le hicieron en la W Radio, a propósito de que el debate alrededor de los Pepes no había terminado:

> Nosotros no hicimos alianzas. Los organismos de seguridad buscarían información para tratar de dar con Escobar y seguramente se apoyaron en enemigos de Escobar, pero eso es completamente legítimo. Yo tengo la absoluta seguridad de que no tuve

nada que ver y de que mis ministros tampoco y creo que todas las acusaciones que se hicieron se investigaron en su momento, pero el que tenga acusaciones que las ponga en blanco y negro. Eso no es un tema de decir cualquier cosa. Yo no hice sino condenar y condenar las actividades de los Pepes.

Como todas las historias alrededor de los capos de la mafia o los jefes de los carteles, la aparición, el apogeo y la muerte de Pablo Escobar no ha estado exenta de versiones míticas, pues hay quienes todavía afirman que Gonzalo Rodríguez Gacha, el Mexicano, a pesar de haber sido dado de baja en una operación policial, lo dan por vivo en Ecuador. Es que incluso hay quienes sostienen que Osama bin Laden, jefe de Al Qaeda, no ha muerto. Y para rematar, y contra toda evidencia, hay quienes siguen afirmando en nuestro país que a Pablo Escobar lo arrinconó y lo liquidó la mafia y no las fuerzas del Estado.

En todo caso, lo que sí es una especie de tragedia para una institución como la Policía, que vio caer cientos de héroes anónimos asesinados vilmente por los sicarios del cartel de Medellín, es que tenga además que soportar y controvertir relatos alrededor de los perseguidos por Pablo Escobar, los Pepes, y más allá de eso, después de tantos años, tenga que seguir trabajando para depurar responsabilidades individuales de quienes seguramente en el afán de cumplir con la misión se contaminaron alrededor de criminales que ofrecieron apoyo en el marco de una verdadera guerra de supervivencia. O se sometía a Pablo Escobar a la justicia o Pablo Escobar nos impondría a sangre y fuego un narcoestado, el sueño que lo animó a lo largo de toda su carrera criminal.

Entrevista a Rafael Pardo Rueda, ministro de Defensa cuando se produjo la operación final que localizó a Pablo Escobar.

Óscar Naranjo: Tras la fuga de Pablo Escobar, ¿cuál es la razón que llevó al gobierno a crear el Comando Especial Conjunto?

Rafael Pardo Rueda: La Cuarta Brigada era principalmente la responsable de la fuga de Escobar. El Ejército se encontraba en una crisis de credibilidad, además de una mala imagen. Entonces, ordené a la Policía Nacional volver a montar el Cuerpo Élite, o Cuerpo Especial Armado. También ordené suspender todas las destinaciones, comisiones, cursos, nacionales o extranjeros, cursos de ascenso o asignaciones diplomáticas, a todo el personal de Policía que había participado en la persecución de los carteles, especialmente en el Cuerpo Élite que operó en Medellín en los años 1989 y 1990.

El Cuerpo Élite no era suficiente para perseguir a los carteles. Conocía bien las críticas que se habían hecho a este grupo y en consecuencia me puse a pensar y a consultar. La idea surgió del Ejército: crear un mando conjunto entre Ejército y Policía para evitar rivalidades y que cada fuerza anduviera por su lado.

Consulté con comandantes del Ejército y la Policía. El nuevo cuerpo debía ser autosuficiente, no depender del Ejército o de la Policía para sufragar sus gastos. Debía tener participación de la Fiscalía y la Procuraduría; debía tener capacidad aérea y un componente de inteligencia que fuera suficientemente capaz de procesar datos.

Presenté el esquema propuesto ante la junta de comandantes del Ejército y la Policía. Estuvo profuso en críticas. Decían algunos: "Nunca ha existido una organización militar que funcione con dos comandantes", "¿Cómo se puede operar teniendo dentro de la unidad un delegado del procurador?", "En vez de portar armas, los miembros del grupo debían llevar copias del código penal".

A pesar de las críticas y del escepticismo, el grupo fue conformado como Comando Especial Conjunto, más conocido como Bloque de Búsqueda. Además de la organización, se definieron unos objetivos muy claros: recapturar a los fugados de la cárcel de La Catedral y desmantelar al cartel de Medellín, durara lo que durara.

El sitio elegido para alojar al Bloque fue la Escuela Carlos Holguín, donde la Policía había instalado una escuela de cadetes de la Policía. Se desocupó y esas instalaciones sirvieron para alojarlos.

Los comandantes eran Ramón Emilio Gil Bermúdez, de las Fuerzas Militares, y Miguel Gómez Padilla, de la Policía. Los inspectores eran Hernán José Guzmán Rodríguez y Octavio Vargas Silva. Los comandantes operativos: por la Policía, el coronel Hugo Martínez, y por el Ejército, el coronel Perdomo y luego el coronel Gustavo Bermúdez.

Durante el periodo que estuvo Escobar en la cárcel, no se movieron sus procesos ante la justicia. Con la fuga se reactivaron los procesos. A los pocos meses la Fiscalía ya había reactivado diez expedientes.

La primera tarea del Bloque fue reconstruir el organigrama del cartel de Medellín.

Tres días después de fugarse, Escobar habló por teléfono con María Isabel Rueda, Juan Gossaín y Enrique Santos. ¿Qué respondió el gobierno a las exigencias que hizo a través de los periodistas? ¿Cómo fueron esos momentos en Palacio?

Después de la fuga, Escobar habló por teléfono con María Isabel Rueda, Enrique Santos Calderón y Juan Gossaín Abdallah y dijo que los había llamado pues tenían relación con el gobierno. Escobar señaló que estaba dispuesto a entregarse otra vez y que sus condiciones serían: el sitio de reclusión debía ser La Catedral y una guardia compuesta por guardianes nacionales y municipales. Inmediatamente informaron al presidente sobre esas condiciones. La repuesta del presidente no se hizo esperar: debía ser una entrega incondicional. No sé cómo se volvieron a comunicar con Escobar, pero al día siguiente modificó las condiciones: Escobar dijo que aceptaría recluirse en una guarnición militar y que la guardia debía ser compartida entre una organización internacional y la armada. Desde el día siguiente a la fuga hasta el día anterior a su muerte insistió en su reentrega.

A lo largo del segundo semestre de 1992, Escobar recibió golpes certeros, como la muerte de Tyson, Palomo y otros miembros del ala militar. Incluso, varios de sus lugartenientes se entregaron, entre ellos su hermano Roberto, pero nada que lo localizaban y él seguía poniendo bombas. ¿Qué valoración hicieron sobre la eficacia del CEC y del Bloque de Búsqueda?

En octubre, en una semana, se entregaron cinco prófugos empezando por el propio hermano de Escobar. Se entregaron: Roberto Escobar; John Jairo Velázquez, Popeye; Otoniel González Franco, Otto; Gustavo González, Tavo; y Luis Carlos

Aguilar, el Mugre. Previamente, en septiembre, se había sometido nuevamente Jorge Eduardo Avendaño Arango, el Tato.

De los jefes del cartel de Medellín, al momento de la muerte de Escobar, se habían entregado 14 y 29 habían muerto en enfrentamientos.

La muerte del Chopo en marzo de 1993 fue definitiva para Escobar porque prácticamente perdió a su mano derecha en lo militar. Pero aun así en abril siguiente tuvo arrestos para detonar un último carro bomba, el de la calle 93 con 15. ¿Qué apreciación hicieron de esos momentos?

El 4 de agosto, quince días después de la fuga, estalló un carro bomba con 50 kilos de dinamita en el Centro Comercial Monterrey de Medellín. Dejó ocho heridos. El 25 de agosto estalló otro carro bomba en Medellín. Causó la muerte a nueve personas y dejó heridas a ocho más. La colaboración de la ciudadanía fue creciendo. La ley del silencio empezaba a romperse. La gente aceptaba medidas cada vez más duras y entendía que el desmantelamiento del cartel de Medellín era un beneficio común.

La oleada de bombas continuó. El 10 de noviembre volaron un CAI de Policía en Medellín que dejó heridas a doce personas. Al día siguiente, en Cali hubo otra bomba. Dejó heridos a siete policías, más dieciocho personas que pasaban por el lugar. El 25 de noviembre estallaron nueve bombas en Bogotá. El mes de diciembre en Medellín estalló un carro bomba que causó trece muertos y diecinueve heridos. En Medellín fue detonado un carro bomba con saldo de tres muertos y tres heridos. En Medellín, el 28 de diciembre, estalló otro carro bomba con saldo de tres personas muertas y siete heridos.

El Comando Especial Conjunto o Bloque de Búsqueda seguía con el plan inicial establecido. Quienes estábamos cerca éramos optimistas, pero el público y, sobre todo los periodistas, no lo eran tanto. Cada uno del cartel, entregado o capturado, empezaba a dar valiosas informaciones a la Fiscalía, al DAS, a la Procuraduría y al Bloque. Las entregas o capturas cada día eran más numerosas.

Escobar, muy cercado y acosado, hizo una maniobra destinada a desprestigiar al Bloque. Apareció en una carretera en persona, de noche, parando e inspeccionando unos carros. Las críticas llovieron. Se decía que el Bloque de Búsqueda era un fracaso, que Escobar actuaba con entera libertad en Medellín.

Como dije en un libro: una imagen vale más que mil palabras.

La búsqueda se intensificaba. Escobar era el único en libertad, pues las demás figuras del cartel de Medellín habían sido capturadas, entregadas o muertos en enfrentamientos. Más de 12.000 propiedades habían sido allanadas, más de 1.300 personas habían sido capturadas, muchas de las cuales daban valiosas informaciones a la Fiscalía o al Bloque. Se desplegaron 120 operaciones, algunas cubrían barrios enteros, utilizando 500 hombres que eran la fuerza combinada del Bloque. Tenía adicionalmente el Cuerpo Élite de la Policía y un grupo de comandos del Ejército, entrenados en tomar un sitio o asaltar un campamento.

El 15 de abril de 1993 estalló un carro bomba en el Centro 93, en Bogotá, con saldo trágico de once personas muertas y 108 heridas. Después no volvió a ver carros bomba ni explosivos. No tenían capacidad de hacerlo.

En medio de la persecución a Escobar surgieron los Pepes. Hoy, treinta años después, ¿qué valoración hace usted de ese grupo criminal en el marco de la lucha contra Pablo Escobar?

Los Pepes se presentaron en sociedad en enero del 93. Al día siguiente incendiaron una lujosa casa que pertenecía a Pablo

Escobar. Ese mismo día apareció asesinado un individuo en la vía al aeropuerto, con una letra manuscrita, un letrero que decía: "Por trabajar con el narco terrorista P Escobar".

El terror genera terror. Como señalaban los Pepes, lo perseguirían con los mismos medios que eran usados por Escobar.

En el mes de febrero de 1993, en Medellín aparecieron más de treinta personas asesinadas, todas con el letrero que identificaba que era una acción de los Pepes. Fincas, casas, propiedades, pesebreras, caballos, fueron incendiados o volados con dinamita por los Pepes.

Los abogados de tramitaban la entrega de los prófugos de La Catedral renunciaron en masa. Uno de ellos fue asesinado. También Guido Parra fue acribillado junto con su hijo. Guido Parra era en otro tiempo el vocero de Escobar y en 1989 había mediado en los secuestros de Los Extraditables.

Sobre los Pepes había dos hipótesis: una que era una organización del cartel de Cali y la otra que algunos miembros del Bloque de Búsqueda habían perdido su moral.

La Procuraduría y la Fiscalía investigaron la segunda hipótesis y no encontraron nada.

La presión llevó al gobierno a ofrecer mil millones de recompensa por los jefes de los Pepes, que anunciaron su desactivación, pero siguieron persiguiendo a Escobar. ¿Por qué cree que los Pepes no detuvieron su campaña de terror contra Pablo Escobar?

Su campaña contra Escobar era sumamente rentable. Les daba suficiente publicidad y podrían cercar a Escobar.

¿Cómo decidieron buscar al embajador de Alemania para pedirle que no permitieran el ingreso de los Escobar?

El presidente Gaviria llamó al secretario de Estado de Estados Unidos, que se llamaba Warren Christopher. Le pidió que hablara con Helmut Kohl, canciller alemán, pues la familia de Pablo Escobar estaba en el *counter* de la aerolínea Lufthansa. Intentaban llegar a Frankfurt para pedir asilo. El secretario de Estado llamó a Kohl y le informó.

Al embajador lo busqué yo, al saber que la familia de Escobar estaba en el despacho de Lufthansa en El Dorado. En la lista oficial de pasajeros no aparecían. Habían dado unos nombres falsos. Le dije al embajador que estaban en el *counter*. Después le pedí que les permitiera viajar a Frankfurt. Y que después los devolvieran.

En el avión a Frankfurt logramos colar un par de policías y un agente de la DEA. La DEA estaba advertida del viaje y de las intenciones de los viajeros.

El embajador trabajó mientras la familia viajaba. Logró hablar con el jefe de migración de Alemania y advertirle de las intenciones de los viajeros.

Al llegar a Frankfurt, la familia de Escobar hizo los trámites para el asilo. Los alemanes al cabo de un tiempo se los negaron. Durmieron en el aeropuerto y los devolvieron en el vuelo que salía al otro día. Después, el embajador me llamó y me dijo que la familia se había devuelto. La Fiscalía los estaba esperando.

¿Estuvieron de acuerdo en el gobierno en el papel que asumió el fiscal de facilitar una posible reentrega de Escobar, al tiempo que protegía a su familia en Medellín y facilitaba su viaje a Alemania?

Una vez la familia de Escobar regresó de Alemania fue protegida por la Fiscalía. La familia de Escobar no quería regresar a Medellín. Entonces se nos ocurrió un hotel. En el corazón del centro internacional. Los ubicaron en el último piso. No sé si la familia de Escobar o la Fiscalía les habían dicho que ese hotel era (sigue siendo) de la Caja de Retiro de las Fuerzas Militares.

Al llegar al último piso el joven Juan Pablo Escobar los hizo cambiar de cuarto a un cuarto que estaban desocupando en ese momento. Tenían temores de que el cuarto estuviera 'alambrado', que en lenguaje de la Policía significa que tenía micrófonos. Se fueron para un cuarto sin micrófonos. Aparentemente.

Dos días después el joven Juan Pablo haría una llamada a su padre Pablo Escobar. Duró menos de tres minutos. Una patrulla del Bloque de Búsqueda, que estaba oyendo la llamada, con cinco hombres y con un equipo de radiogoniometría francés –que sirve para seguir una señal de radio hasta el destino final–, fueron en busca de Pablo Escobar. Ubicaron la casa. Era de dos pisos. Abajo había un hombre. Su chofer, que murió en un enfrentamiento. Arriba estaba Pablo Escobar. Salió por una ventana y fue dado de baja en un enfrentamiento. Llevaba una pistola Glock de fabricación austriaca con la que enfrentó al comando.

Hablemos del papel del fiscal De Greiff. ¿Cómo veían en el gobierno las críticas tan fuertes del fiscal, que en algún momento insinuó corrupción y cobardía en el Bloque de Búsqueda?

El Fiscal de Greiff era uno de los más fuertes críticos del Bloque de Búsqueda. En noviembre de 1992 la controversia se volvió pública. Para la supuesta entrega de Escobar el fiscal dijo que el gobierno estaba poniendo "condiciones imbéciles". Las condiciones que ponía Escobar eran: pavimentar un patio, tumbar un muro y adecuar la cocina. De Greiff decía que el gobierno, con la negativa de tumbar el dichoso muro, era responsable de las bombas.

Recuerdo que el 2 de diciembre de 1993 el periódico _El Siglo_ abrió su edición impresa con una noticia en primera página que decía "El Bloque de Búsqueda es un fracaso: de Greiff". El día anterior, un informante que merecía toda la credibilidad del fiscal, dijo que Pablo Escobar estaba en una playa en Haití.

¿Cuál estima fue la crisis, en términos políticos, más grave que enfrentó el gobierno después de la fuga de Pablo Escobar?

El apagón. Seis o siete horas sin luz por más de seis meses tumban cualquier gobierno.

¿Qué sintió cuando fue informado de que Pablo Escobar había muerto en el marco de una operación de la Policía?

Una inmensa satisfacción. Llamé al presidente y la satisfacción fue igual. Había muerto el que Horacio Serpa había calificado como el principal problema de Colombia: el enemigo público número uno.

En medio de la crisis por la fuga de Escobar y la crisis política derivada de ello, ¿usted pensó en renunciar?

Sí. El miércoles 23 de julio de 1992 entré a la oficina del presidente y le dije: "Esto debe tener un responsable y ese soy yo. El Ejército estaba a cargo de esta operación y fracasó. Por lo tanto, le presento mi renuncia al Ministerio". Gaviria se quedó pensando un momento y después respondió: "No. Ya había pensado en esa posibilidad y no arregla nada. Ni para el gobierno, ni para mí, ni para usted. El problema hasta ahora comienza y todavía hay mucha tela por cortar. Si su renuncia resolviera algo, estaría dispuesto a considerarla". Y Gaviria salió al salón de crisis.

Entrevista con Jorge Lesmes, jefe de investigación de la revista *Semana* cuando cayó Pablo Escobar.

¿Cómo y cuándo fue su primer contacto con la familia de Pablo Escobar?

El domingo 28 de noviembre de 1993, la familia de Pablo Escobar –esposa y sus hijos Juan Pablo y Manuela–, salieron del país en un vuelo de la aerolínea Lufthansa rumbo a Frankfurt, Alemania, después de un operativo de seguridad coordinado por la Fiscalía General de la Nación y el DAS, para trasladarlos de Medellín a Bogotá en un vuelo privado y horas después emprender el viaje a Alemania. En su momento, el gobierno señaló que el viaje de los familiares de Escobar obedecía a que la Fiscalía no tenía cómo garantizarles más la protección de sus vidas porque los Pepes estaban dispuestos a atentar contra ellos.

Sin embargo, unas cuarenta horas después de salir del país, la familia Escobar estaba de regreso porque el gobierno de Alemania no permitió su ingreso y los expulsó del país. De esta manera, en la noche del lunes 29 de noviembre de 1993, el gobierno dispuso que los Escobar llegaran a un apartamento en Residencias Tequendama, en Bogotá, para brindarles seguridad y posteriormente se coordinaría su regreso a Medellín.

Para ese entonces, yo trabajaba en la revista *Semana*, donde ocupaba el cargo de jefe de investigación. Llevaba más de tres años al frente de la información relacionada con la guerra desatada por Pablo Escobar contra el Estado colombiano, que había dejado miles de víctimas inocentes, entre ellos jueces, magistrados, policías, candidatos a la presidencia, un procurador general de la nación y decenas de ciudadanos que encontraron la muerte por las bombas que diariamente explotaban en las principales ciudades del país.

En los meses previos a su entrega a las autoridades, yo había tenido numerosos acercamientos al primer círculo de seguridad de Pablo Escobar porque estaba detrás de hacerle una entrevista. Finalmente pude hacerlo una vez llegó a la cárcel de La Catedral por gestión que hizo Marta Nieves Ochoa. La entrevista salió publicada en julio de 1991 y para la portada, en la que aparecía Escobar con ruana, recibí unas fotografías que él hizo llegar a la revista.

Cuando la familia fue ubicada ese lunes 29 de noviembre de 1993 en Residencias Tequendama, comencé a estudiar la posibilidad de tener un contacto directo y buscar una entrevista con Juan Pablo Escobar, que, para ese entonces era un adolescente que durante todo el tiempo del desplazamiento a Alemania y su regreso, había llevado la voz de la familia en las fuertes declaraciones que hacían contra el gobierno, contra la Fiscalía y en especial contra la Policía, que perseguía sin descanso al jefe del cartel de Medellín.

El martes 30 de noviembre, a las ocho de la mañana, desde la oficina, marqué al conmutador de Residencias Tequendama y pedí que me comunicaran con el apartamento donde se alojaba la familia Escobar. Para mi sorpresa, el recepcionista –un hombre– no hizo pregunta alguna y pasó la llamada inmediatamente. El teléfono repicó unas ocho veces hasta que al otro lado de la línea escuché la voz de un adolescente, con marcado acento paisa.

—Soy Jorge Lesmes, periodista de la revista *Semana*, por favor no cuelgue.

—Hombre, ¿qué quiere? —respondió Juan Pablo con mucha expectativa.

—Quiero hacer una entrevista con ustedes. Pero no sobre su padre, sino más enfocada a la parte humana de lo que ustedes han vivido. Su hermana es una niña, usted es muy joven y su mamá ha tratado de sacarlos del país para evitar que los maten.

Pasaron segundos eternos y respondió.

—Hombre, ¿usted sabe cuántos periodistas me han pedido entrevista? ¿Cuántos están allá afuera a ver si les habló?

—Pero creo que ninguno le ha dicho que sea una entrevista desde el lado humano.

Otro largo silencio y hasta llegué a pensar que había colgado. Pero no.

—Vea hombre. Hagamos una cosa. Hágame llegar un cuestionario con algunas preguntas sobre cómo sería la entrevista. Yo la reviso con mi madre y si ella está de acuerdo le aviso y le hacemos. Hágale.

Tan pronto colgué fui a la oficina de Mauricio Vargas, quien en ese momento era el jefe de redacción de *Semana*. Le conté que la posibilidad de tener a los Escobar en portada para la siguiente edición era muy alta. Empecé una carrera contra el tiempo para hacer un cuestionario corto, general, que estuviera centrado en la parte humana, pero que dejara la puerta abierta para preguntar más cosas y que además la entrevista no se fuera a quedar en responder un frío cuestionario.

Lo siguiente era cómo llegar hasta la recepción de Residencias Tequendama a entregar el sobre, pasar los anillos de seguridad de ingreso, que estaba restringido, y que ningún colega me viera entrando al edificio.

La solución fue hacerme pasar por mensajero. A las dos de la tarde del martes 30 de noviembre estaba en la recepción de Residencias Tequendama. Me llamó la atención que no había una sola mujer, todos eran hombres, con corte de pelo militar y me recibieron el sobre sin hacer ninguna pregunta, ningún reparo.

Dos horas después, llamé de nuevo y por segunda vez hablé con Juan Pablo Escobar. Respondió que ya tenía el cuestionario en las manos, que lo llamara en la noche y me decía si daban o no la entrevista.

¿Qué le dijo Juan Pablo Escobar en esa primera conversación? ¿Cómo lo percibió? ¿Rencoroso? ¿Vengativo?

Para ese entonces, Juan Pablo Escobar era un adolescente. El hijo mayor del capo de los capos. Muy prevenido y más con los periodistas. *Semana* había tenido una línea editorial muy fuerte contra el narcotráfico y contra su padre. Pero al mismo tiempo tuve el olfato periodístico de percibir que la idea de la entrevista no le parecía mal y mucho menos si estaba enfocada hacia el lado humano de la familia. Fue corto en lo que me decía. Simplemente quería conocer el esqueleto de las preguntas, pero no se comprometió a decir que era un hecho.

¿Cómo lo convenció de darle la entrevista tan recién llegados de Alemania?

Le dije que era una oportunidad única que su familia pudiera hacer un relato de la situación compleja que habían vivido, el rechazo de varios países de abrirles las puertas, las amenazas de los enemigos de su padre, lo complejo que era tener el apellido Escobar. Insistí que no le iba a preguntar por los crímenes de su padre, que esa era otra historia con otros protagonistas.

¿Cuántas preguntas tenía el cuestionario y cuál era el enfoque?

Creo que la clave para acceder a la entrevista estuvo en la forma como preparé el cuestionario. Si mal no recuerdo, eran tan solo doce preguntas. Pero ninguna concreta. Muy abiertas para abordar diferentes temas. Recuerdo que la primera era sobre sobre cómo sentirse paria recorriendo el mundo a ver si alguien les daba asilo. Otra hacía referencia a que su hermana era muy pequeña y cómo soportaba semejante situación con las amenazas, con saber que su padre se había fugado y con la idea de cambiar de país y quizás no volverlo a ver.

¿Cómo fue el proceso para llevar el cuestionario a Residencias Tequendama?

Estudiamos muchas formas de llevar el cuestionario porque los alrededores de Residencias Tequendama estaban completamente cerrados por los militares. Solo había un filtro para pasar. Pero, además, la prensa nacional e internacional estaba agolpada en los alrededores. Hice un primer recorrido a pie y me encontré como con diez colegas. Pero sí observé que la seguridad permitía pasar a los domiciliarios y a los mensajeros que llevaban correspondencia a las diferentes oficinas que había en esa zona.

Entonces, en la revista había mensajero, que me llevó hasta muy cera de la zona de seguridad. Allí me prestó su chaleco, el casco y las botas. Con el casco puesto pasé el primer filtro donde estaban los periodistas. Para el segundo, los policías me hicieron quitar el casco y me sometieron a una requisa muy fuerte. Me preguntaron para dónde iba. Les respondí que a dejar una correspondencia para un doctor que estaba hospedado en la torre de Residencias Tequendama. Me mandaron con un patrullero. Ya en la recepción le entregué el sobre a un recepcionista que yo sabía era de inteligencia. Antes de irme le dije: "Espero que el sobre llegue a donde debe llegar". Pensé que me iba a detener y se iba a armar un problema, pero no dijo nada.

¿Cómo se enteró de que Escobar había sido abatido en Medellín?

A partir de ese momento, empecé a conversar con mucha frecuencia con Juan Pablo Escobar. Era martes y la edición de la revista cerraba el viernes. En esas conversaciones yo quería que la entrevista se diera lo más pronto posible, antes de que hubiera un traslado y se perdiera semejante primicia. Mauricio Vargas se encargó de que el cierre de las demás secciones de la revista se hiciera con mayor celeridad y pidió un mayor número de revistas impresas. En otras palabras, la revista se preparó para soltar una mega primicia.

El tiempo fue pasando y cada día Juan Pablo Escobar me decía que contara con la entrevista, que su mamá había visto el cuestionario y que le parecía bien. Me daba citas por la mañana, pero a los minutos cancelaba; igual por la tarde. Y finalmente, el viernes 2 de diciembre del 1993, a las diez de la mañana, me confirmó que la entrevista sería a las 11:30, que me esperaba con un fotógrafo y ya habían solicitado el permiso para que pudiera ingresar. Cuando ya iba saliendo para Residencias Tequendama, Juan Pablo llamó y la aplazó para la una de la tarde. A las doce del día dijo que mejor para las dos de la tarde, que fijo a esa hora.

A la 1:15, cuando iba saliendo para la cita, la recepcionista salió a la puerta de la revista y dijo que me necesitaban muy urgente al teléfono. Le pregunté si era otra vez Juan Pablo Escobar y dijo que no, que una persona me necesitaba muy urgente. No quería devolverme, pero ella insistió mucho. Me devolví y cuando dije: "Aló", me dijeron: "Sirva el *whisky*, prenda el habano y celebremos". Quedé congelado. Resulta que unos meses atrás me había encontrado en Medellín con un oficial del Bloque de Búsqueda, una fuente muy buena, con quien nos tomamos unos tragos en la habitación del hotel donde me alojaba. Antes de irse, sacó del minibar una botellita de *whisky* y, como él fumaba tabaco, me lo dio con la botella y dijo: "Si estoy en el operativo en el que demos de baja a Escobar, lo llamo, y el santo y seña será: «Sirva el *whisky* y prenda el habano»".

Había sido una cuestión de tragos. Nunca imaginé que fuera a pasar. Me devolví a la oficina y llamé a Residencias Tequendama para comunicarme con Juan Pablo Escobar. Ya no respondió. Busqué a Mauricio Vargas y le conté la historia con el oficial del Bloque de Búsqueda. Prendimos la radio y como a los quince minutos dieron la noticia de que Escobar había sido abatido en un barrio populoso de Medellín.

¿Qué contactos posteriores sostuvo con la familia de Escobar?

Ese mismo día. Con el paso de las horas y a medida que se fueron conociendo detalles de la operación, los oficiales de inteligencia de la Policía filtraron la historia de que Escobar había sido localizado gracias a una serie de interceptaciones de llamadas a su hijo para responder las preguntas de un cuestionario a una entrevista de un medio de comunicación. Quedé impactado y a la vez muy preocupado. De inmediato pensé que Juan Pablo Escobar y su familia estarían pensando que yo habría hecho algún pacto con la Policía y que el cuestionario era la carnada para que su padre lo llamara infinidad de veces. Entendí por qué se había cambiado tantas veces la hora de la entrevista.

Finalmente, como a las seis de la tarde, logré hablar con Juan Pablo Escobar, que horas atrás había hecho una declaración muy fuerte diciendo que vengaría la muerte de su padre. Cuando contestó la llamada le dije: "No puedo darle un pésame porque usted sabe todo el daño que su padre le hizo al país y a la sociedad. Lo siento, sé que como hijo es muy duro recibir una noticia de esas. También quiero dejarle en claro que mi trabajo es netamente periodístico y no tenía la menor idea de que las preguntas que le envié las estuviera consultando con su padre y que la Policía interceptó el origen de las llamadas por la entrevista para la revista. Mi trabajo es de reportero y solo quería conocer la situación que ustedes estaban viviendo".

Respondió: "Hombre, lo sé. Nada tiene que ver con la entrevista. Mi papá insistió mucho en cada pregunta, en cada respuesta. Me estaba volviendo loco, no paró de llamar. Pero tranquilo hombre que usted nada tiene que ver en este asunto".

Cuando salieron del país en diciembre de 1994 y no volvió a saberse nada de ellos, perdí contacto por completo. Pero un día salió una noticia en el diario *Clarín* de Argentina que decía que el hijo y la viuda de Pablo Escobar habían sido detenidos por el porte de identidades falsas y llevaban varios meses viviendo en Buenos Aires.

Logré hacer una serie de contactos y viajé a Buenos Aires. Allí me encontré con su novia de toda la vida, que lo había acompañado desde los trece años y me contó una de las historias más alucinantes sobre su vida. Cómo habían salido del país con otras identidades otorgadas por el fiscal general de entonces, Gustavo de Greiff, su viaje a Francia, después a África y de regreso a América Latina, por fin habían encontrado en Buenos Aires un lugar para rehacer sus vidas. Pero resulta que el novio de Victoria Eugenia, la mamá de Juan Pablo, descubrió en unos papeles que tenían en casa que ella era la exesposa del capo de los capos, y entonces intentó sobornarlos, pero como no le dieron el dinero que pedía, los denunció.

Días después me encontré en Buenos Aires con Sebastián Santos Marroquín, el nuevo nombre de Juan Pablo Escobar. Estaba muy cambiado, tenía una vida muy diferente a la del antiguo hijo de un narcotraficante. Estaba estudiando arquitectura, se había casado con la novia de toda la vida, vivía en un pequeño apartamento en la zona de Palermo, sin ostentación alguna. Me contó que estaba en una transformación personal. Que no había sido un proceso fácil reconocer que su padre había sido un criminal, pero él no quería repetir la historia. Toda esa crónica la publicamos en *Semana*. La revista volvía a tener una tremenda primicia sobre qué había pasado con los Escobar casi ocho años después de la muerte del jefe del cartel de Medellín.

¿En general, qué percepción le quedó del hijo de Escobar, de la familia?

Conocí muy poco de ellos. Solo mi trabajo como reportero.

¿Hasta ese momento cómo había cubierto Semana a Pablo Escobar y la oleada terrorista?

La cobertura de la guerra que desató Escobar en el país no fue fácil. Se recibían muchas amenazas, murieron periodistas, magistrados, candidatos a la presidencia, jueces; en fin, era una guerra contra la sociedad muy compleja. Vi muchos muertos como consecuencia de las bombas y las amenazas a la revista eran sistemáticas. Cada vez que llegaba al hotel en Medellín recibía una llamada en la que me decían que me fuera de la ciudad o me atuviera a las consecuencias. En muchas oportunidades, los taxis en que me movilizaba eran perseguidos por motos con gente que mostraba sus armas en señal de amenaza. Pero jamás bajamos los brazos en la revista. Siempre denunciamos las atrocidades de Escobar y de los llamados Extraditables. Jamás cedimos a sus amenazas.

Semana calificó a Escobar como un Robin Hood. ¿Al capo le gustó esa comparación?

Una serie de llamadas anónimas a la revista confirmaron que no le había gustado para nada. Que deberíamos atenernos a las consecuencias.

EPÍLOGO

El alivio que significó la muerte de Pablo Escobar llevó a muchos colombianos a pensar que, sin la amenaza del cartel de Medellín, sería posible habitar en paz, en tranquilidad, en un país que viviría lejos del fantasma de los carteles del narcotráfico.

Tenía sentido, porque de alguna manera el terrorismo sistemático de Pablo Escobar había copado por más de una década la agenda informativa del país y de alguna manera contribuyó a desdibujar el peligro potencial que representaban las guerrillas y el llamado cartel de Cali.

No obstante, la ilusión de vivir esa tranquilidad y la optimista expectativa de focalizar el pensamiento y la energía hacia un asunto distinto del narcotráfico habría de durar pocas horas porque el embajador de Estados Unidos en Colombia, Morris Busby, felicitó al gobierno colombiano por el éxito alcanzado contra Pablo Escobar, pero señaló que el país debería ocuparse de inmediato en desmantelar la estructura mafiosa de Cali.

Particularmente, compartí la prioridad planteada por Washington respecto de concentrar nuestros esfuerzos en someter a la justicia a los jefes del poderoso cartel que habían consolidado en el occidente del país los hermanos Gilberto y Miguel Rodríguez Orejuela. Era claro que ellos habían aprovechado de manera muy inteligente el hecho de que tanto el gobierno como

203

la fuerza pública nos hubiésemos focalizado ciento por ciento en acabar con el cartel de Medellín.

Los Rodríguez no solo fortalecieron su capacidad para traficar a gran escala, sino que transitaron por dos rutas que ahora ya eran perfectamente identificables: una, la de presentarse ante el país como un grupo empresarial que, a manera de ejemplo, utilizaba compañías de fachada, como drogas La Rebaja, para transmitir la imagen pública de que eran grandes generadores de riqueza, de prosperidad, que ofrecían empleo y oportunidades. Otra, la ruta de la cooptación a gran escala de distintos líderes políticos y de otros sectores de la sociedad. Y lo hicieron de una manera muy hábil, con relacionistas públicos en Bogotá, centro del poder nacional. Con ello ganaron en prestancia y solvencia, y se dedicaron a vender la falsa idea de que no eran una organización violenta.

Este cartel, que además rompía con el esquema de direccionamiento unipersonal sobre su organización como el que ejerció Pablo Escobar, introdujo la figura de una jefatura ampliada en la que los hermanos Rodríguez Orejuela se hicieron acompañar de personas de amplia trayectoria criminal como José Santacruz Londoño y Hélmer "Pacho" Herrera.

La energía acumulada que concentró el desmantelamiento del cartel de Medellín abrió un espacio para el cartel de Cali, pero con unas dimensiones que no habíamos registrado antes en Colombia. Muerto Escobar nos encontramos con una estructura narcotraficante sólida, que daba pasos en la aspiración de transformarse en un verdadero poder mafioso. Esto significaba varias cosas: una, hacer un esfuerzo muy grande para legalizar activos, bienes y fortunas; dos, acreditar que sus hijos y la segunda generación no tenían pasado criminal; tres, que su poder delincuencial no se basaba exclusivamente y de manera prioritaria en el uso de la violencia sino en su capacidad corruptora; y cuatro, y tal vez lo más grave, que su objetivo de legitimarse ante la sociedad colombiana debería basarse en la apropiación de líderes políticos.

Nuevo objetivo: el cartel de Cali

Esta combinación de narcotráfico, empresa y política parecía ser el sello de la nueva organización que tendríamos que enfrentar.

Desactivado el Comando Especial Conjunto tras el triunfo final sobre Pablo Escobar y su infernal aparato criminal, recibí instrucciones de proyectar una primera presentación sobre la estructura del cartel de Cali. Lo hice en el Comando General de las Fuerzas Militares, con la idea de entregar elementos de análisis suficientes para que se pusiera en marcha el plan de desmantelamiento de esa organización que ya el gobierno, en cabeza del ministro de Defensa, había dispuesto iniciar cuanto antes.

Esa fue la única reunión a la que asistí sobre ese tema en concreto, porque el alto mando de la Policía dispuso que yo viajara en comisión de estudios a España a partir de los primeros días de enero de 1994.

Una vez más, intentaría cambiar una época de zozobra por una vida tranquila, muy cercana a mi familia. Ya en Madrid, empecé a conocer desde su interior el cuerpo nacional de la Policía de España e inicié una serie de cursos de especialización en distintas áreas. Las posibilidades de abrir nuevos horizontes en la carrera policial en ese país eran infinitas porque podría aprender de un cuerpo de seguridad avanzado, sofisticado, serio, profesional.

Por esa razón, francamente, me desvinculé del día tras día que se vivía en Colombia y fue solo hasta mediados de año – durante la elección presidencial que se disputaban el candidato liberal Ernesto Samper Pizano y el exalcalde de Bogotá, el conservador Andrés Pastrana, y fueron revelados los llamados narcocasetes que comprometían la campaña de Samper y el cartel de Cali– cuando me vi obligado desde la distancia a seguir el gran escándalo nacional.

Lo que no imaginaba en ese momento era que, como buen periodista y político, Pastrana había optado por mantener bajo reserva la identidad del oficial que le filtró las comunicaciones interceptadas a un capo del cartel de Cali y a su relacionista público en Bogotá. Con ello logró que mi nombre empezara a circular entre algunos periodistas como el responsable de la filtración.

Debido al escándalo que siguió, el ministro de Defensa Pardo me pidió regresar de Madrid y me citó a su despacho en Bogotá para preguntarme con insistencia si conocía el origen de esas interceptaciones o si tenía alguna información sobre la maniobra de filtración que tenía conmocionado al mundo político y al país en general.

Le dije claramente que no tenía la menor idea de quiénes podían ser los responsables de hacer público el monitoreo de horas y horas de conversaciones de los jefes del cartel de Cali, con distintos interlocutores de altísimo reconocimiento público que daban cuenta de los aportes mafiosos a la campaña política. Agregué que mucho menos yo había tenido que ver con ello porque, entre otras cosas, estaba fuera del país cuando se produjeron las interceptaciones.

Regresé a Madrid a continuar con mis estudios, hasta que el 8 de agosto de 1994, es decir, al día siguiente de la posesión del presidente Samper, recibí una llamada del nuevo director general de la Policía, el general Octavio Vargas Silva, quien me notificó que el alto gobierno había ordenado cancelar mi comisión de estudios en el exterior y debía regresar de manera inmediata a Bogotá.

Desde luego que muy presuroso cumplí la orden y en medio de una enorme angustia, pero también un gran disgusto, organizamos con mi familia otro nuevo retorno –muy accidentado como el de Argentina meses atrás para participar en la persecución de Pablo Escobar– a Bogotá. Mis colegas de la Policía española no entendían la manera tan abrupta como yo abandonaba mis estudios, pero lo cierto es que ya, de manera presencial, el general Vargas Silva me transmitió en su despacho la desconfianza que yo le generaba al nuevo presidente y a su círculo cercano y sugirió que lo mejor era que solicitara unas largas vacaciones y esperara de qué manera evolucionaba la situación.

Sin muchas opciones en el panorama inmediato, recurrí al ahora exministro de Defensa Rafael Pardo, quien se comunicó con Ramiro Bejarano, recién nombrado director del Departamento Administrativo de Seguridad, DAS, a quien yo no conocía y, para no extenderme en esta historia, terminé como su asesor durante dos meses.

Como se sabe, el segundo semestre de 1994 estuvo caracterizado por una crisis institucional muy fuerte que comprometía a la Policía Nacional, lo cual llevó a que se produjera el relevo en la Dirección General, en cuya alta responsabilidad fue nombrado el brigadier general Rosso José Serrano Cadena, quien recibió de parte del presidente Samper la orden perentoria de desmantelar el cartel de Cali en el menor tiempo posible.

El nuevo director general, que gozaba del apoyo y la confianza del gobierno estadounidense y de sus agencias de investigación e inteligencia, me dio instrucciones para que le presentara ideas encaminadas a estructurar un plan estratégico para desmantelar la organización mafiosa de la capital del Valle. Lo cierto es que el éxito del general Serrano fue tan rotundo que en menos de un año los hermanos Rodríguez Orejuela y la totalidad de la cúpula del cartel ya estaban sometidos a la justicia.

El nuevo plan recogía las lecciones aprendidas de éxito y de fracaso en la persecución contra Escobar. Y se centraba en lograr la más alta efectividad, con el número más reducido posible de hombres y mujeres policías que superaran todas las pruebas de confianza, incluido el polígrafo. En lo personal, estaba convencido del riesgo enorme que significaba estructurar una fuerza con el mismo modelo del Bloque de Búsqueda que había perseguido a Escobar, dada la gran capacidad corruptora del cartel de Cali.

Razones de la caída de los capos de Cali

En síntesis, el éxito radicó en desarrollar operaciones basadas en la inteligencia técnica y en la administración de fuentes humanas, en asocio con agentes especiales de la DEA. Al final, el general Serrano sintetizó esta estrategia de manera magistral al afirmar que, si a Gilberto Rodríguez Orejuela lo apodaban el Ajedrecista, la respuesta para capturarlo debería ser un jaque mate con pocos movimientos y con las fichas adecuadas. Y tuvo toda la razón.

En la Policía experimentamos un cierto aire de triunfalismo y alivio por el gran logro alcanzado al tener tras las rejas a los poderosos del cartel de Cali, pero contra todo pronóstico y lejos de doblar la página de los carteles del narcotráfico, habríamos de iniciar una nueva etapa para desmontar al llamado cartel del norte del Valle, antiguos subalternos de los Rodríguez Orejuela, de origen campesino, que habían incursionado en las grandes ligas del narcotráfico internacional.

Ahora eran familias enteras, como los Henao Montoya, los Patiño Fómeque y personajes como Juan Carlos Ramírez Abadía, Chupeta, y, diría que por lo menos medio centenar de narcotraficantes, con sus respectivas estructuras, todas nuevas para nosotros, fueron el nuevo reto. Hasta que dos de esos jefes mafiosos, Wilber Valera, Jabón; y Diego Montoya, don Diego; se enfrascaron en una guerra intestina, muy violenta, que muy pronto arrasó también a decenas de funcionarios públicos que sucumbieron de lado y lado a su poder corruptor.

Capturado Diego Montoya en 2007 por unidades especiales del Ejército Nacional –en una operación que lideró el propio ministro de Defensa, Juan Manuel Santos, con la contribución muy eficaz de los servicios de inteligencia británicos– y asesinado Wilber Valera en 2008 en Venezuela por un grupo de disidentes que fueron sus antiguos compinches en el crimen, empezaba a concluir esa etapa y se abría paso a un nuevo modelo criminal que algunos analistas, especialmente estadounidenses, denominaron los *baby-cartels*.

Quedaba atrás la clásica estructura de mando vertical y centralizado y entonces se produjo una verdadera diáspora de organizaciones que, no por pequeñas, eran menos peligrosas y poderosas.

Este nuevo perfil narcotraficante fue el punto de partida de la gran fragmentación criminal que enfrenta hoy el país, con centenares de grupos que bajo distintas etiquetas, pero muy particularmente con la influencia de los carteles mexicanos, han puesto en marcha una lógica narcotraficante que sin grandes pretensiones de acumulación de poder nacional buscan lucrarse al máximo ejerciendo una especie de gobernanza criminal, ejerciendo control territorial en las zonas de producción y asegurando también las rutas de salida de clorhidrato de cocaína a gran escala.

Esta historia, que parece de nunca acabar, ha transitado por distintas etapas, en un enfoque básicamente prohibicionista y de guerra a las drogas. Se podría afirmar, sin lugar a equívocos, que el primer énfasis en la lucha contra las drogas se centró en asegurar la mayor cantidad de incautación de drogas porque se estimaba que por esa vía se les restaría poder y capacidades a las estructuras narcotraficantes. Sin embargo, no fue así.

Vino una segunda etapa que partía de la base de que, si las autoridades éramos capaces de capturar y someter a la justicia a los jefes mafiosos, naturalmente el negocio sufriría un impacto. Sin embargo, los ejemplos de Pablo Escobar, abatido por la Policía, las capturas de los Rodríguez Orejuela y la extradición de capos de primer nivel no quebraron el negocio.

Luego, en una tercera apuesta para derrumbar el narcotráfico, no se trataba ya solamente de incautar ni de capturar a los jefes, sino de destruir las organizaciones de manera integral, generando el mayor número de capturas posibles. Pero la verdad es que para nada se resintió la actividad narcotraficante.

Marchitar el bolsillo de los narcos

Estamos ahora en una nueva dimensión, que probablemente va en la línea correcta, y tiene que ver con la afectación a los bienes y activos de la mafia y al desmantelamiento de las economías criminales. Lo que se afirma popularmente es que, si se afecta el bolsillo de los narcotraficantes, el negocio siempre se marchitará. Todo lo anterior para significar que comienza a tener sentido lo que en el pasado era una especie de herejía, cuando se afirmaba que era necesario revisar la política prohibicionista alrededor de la producción y el consumo de drogas.

Después de tantos años de sufrimiento y dolor para derrotar al narcotráfico, de nada han servido desmantelar el cartel de Medellín, someter a la justicia al cartel de Cali, producir casi tres mil capturas con fines de extradición de distintos grupos narcotraficantes, haber puesto en marcha la Política de Justicia y Paz para desmantelar el paramilitarismo, que llevó a la desmovilización de más de 23 mil hombres, incluyendo cerca de dos centenares de jefes de esas estructuras; y avanzar de manera formidable en algo que parecía imposible, como crear las condiciones para firmar un acuerdo de paz con la guerrilla de las Farc, considerada en su momento la más antigua y tenebrosa organización insurgente en América.

Lejos de ser una aspiración, la idea que ha motivado a la comunidad de naciones de tener un mundo libre de drogas se ha convertido en la más grande contradicción después de setenta años de desarrollar políticas prohibicionistas para combatir la producción, el tráfico y el consumo de estupefacientes.

La conclusión que salta a la vista puede ser resumida de la siguiente manera: a pesar de los grandes esfuerzos institucionales, de la voluntad política, de valiosos recursos presupuestales, de vidas sacrificadas, hoy tenemos más producción de drogas, más consumidores, más corrupción, más presos en las cárceles por el delito del narcotráfico y una creciente ingobernabilidad democrática.

Ya no solamente Estados frágiles, sino también democracias consolidadas, experimentan la amenaza que significa la concentración del poder mafioso derivado de las formidables utilidades que produce la economía criminal del narcotráfico. Si a lo anterior le agregamos el proceso de globalización acelerado que hemos registrado en las últimas décadas, el narcotráfico ha impulsado otras economías criminales, como la minería ilegal y, en estos tiempos, el tráfico con seres humanos.

En el caso colombiano, nuestro primer objetivo estructural y estratégico para derrumbar el cartel de Medellín y someter a la justicia a Pablo Escobar, coincidió con el nacimiento de la Fiscalía General de la Nación, una institución cuya estructuración empezaba a partir del mandato de la Constitución de 1991.

Para enfrentar al poderoso cartel fue evidente que la Fiscalía, lejos de ser una institución sólida, mostraba fragilidades y debilidades incontrovertibles. Con el primer fiscal elegido, Gustavo de Greiff, algunos analistas estimaron que había más fiscal que Fiscalía y en el fondo tenían razón. La planta de personal era reducida, la capacidad tecnológica inexistente, la infraestructura estaba por construirse y de hecho las fiscalías seccionales ocuparon viejas oficinas heredadas de la antigua Dirección de Instrucción Criminal.

Hoy, tantos años después, se puede afirmar que las diferencias, las discrepancias, y la ausencia de coordinación entre los distintos servicios de la fuerza pública y la Fiscalía, fueron un serio problema en el desarrollo de la operación para desmantelar al cartel de Medellín. En particular, la Policía Nacional parecía atrapada entre varios mundos: la visión de un fiscal general que actuaba bajo el convencimiento de incorporar a la cultura penal colombiana algunos instrumentos de la justicia anglosajona, como el principio de oportunidad; por otro lado, un gobierno que al inicio de su mandato buscó apaciguar la ferocidad del cartel desarrollando una política de sometimiento a la justicia que finalmente condujo a la prisión a través de una entrega voluntaria, por cierto muy condicionada, al propio Pablo Escobar. Y, finalmente, una ciudadanía desesperada por los efectos del narcoterrorismo que exigía con rabia mano dura de la Policía y en general de la fuerza pública.

La historia política, la propia historia constitucional colombiana, la historia alrededor de la política criminal y de la política de seguridad, especialmente la que coincide con el arribo al poder del presidente César Gaviria, sigue siendo objeto y tema recurrente de discusión y controversia. Hay quienes, por ejemplo, afirman que cuando la Asamblea Nacional Constituyente eliminó la extradición de la nueva carta política, fue una decisión que resultó de una condición impuesta por Pablo Escobar para someterse a la justicia. Y, por el otro lado, desde la visión de la opinión calificada especialmente de juristas, se cuestionan seriamente los instrumentos de tipo penal empleados en aquella época, como por ejemplo los jueces sin rostro.

Lecciones aprendidas de éxito y fracaso

Lo cierto y a la vez muy paradójico es que, como resultado de la amenaza que generó el narcotráfico, sus carteles y su combinación transversal con el paramilitarismo y las guerrillas, la institucionalidad colombiana se vio obligada a fortalecerse y a generar unas capacidades diferenciales en términos de lucha contra el crimen organizado en América Latina.

Las lecciones aprendidas de éxito y fracaso se han convertido durante por lo menos una década en producto de exportación. La Policía colombiana, para citar solo un caso, ha participado en el entrenamiento, especialización y formación de por lo menos 60 mil policías en la región y en la transferencia de buenas prácticas y conocimiento que ha llegado a por lo menos veinte países, que han encontrado en el modelo colombiano una manera de encarar los retos que plantea el crimen organizado. Claro, en procesos como estos se registran avances y retrocesos.

Después de las batallas que ha librado Colombia contra el narcotráfico sería muy injusto no mencionar el impacto del llamado Plan Colombia, probablemente la alianza más exitosa que registran los Estados Unidos con un país amigo en aras de fortalecer la democracia, la seguridad y la justicia. Con su implementación durante años, no solamente Colombia tuvo un aliado político que lo respaldó en momentos muy difíciles, sino que más allá de haber recibido ingentes recursos económicos para fortalecer las capacidades en seguridad, justicia y asuntos sociales, las instituciones colombianas pusieron en marcha verdaderos procesos de transferencia en conocimiento y buenas prácticas para enfrentar el delito. No obstante, desde corrientes de opinión muy sesgadas ideológicamente se sostiene que el Plan Colombia significó la militarización del país, pero a mi parecer se trata de una visión reduccionista de la historia.

Por mi propia experiencia personal y como funcionario público por cerca de 42 años, me siento en capacidad de afirmar que el acumulado de resultados en la lucha contra los carteles de las drogas, el desarrollo del Plan Colombia, la política de seguridad democrática de Álvaro Uribe y la política de paz que lideró el gobierno del presidente Juan Manuel Santos, que condujo a la firma del acuerdo que puso fin al conflicto con las Farc, tienen un mismo hilo conductor: refleja la decisión de una nación que, a pesar del dolor y la tragedia que produce la violencia en sus distintas manifestaciones, ha decidido no claudicar ante las pretensiones de quienes, empuñando las armas, no solamente combaten al Estado y a sus instituciones sino que atacan de manera inexcusable y muy repudiable a comunidades y ciudadanos indefensos.

La historia de cómo se produjo el golpe final contra Pablo Escobar debe ser, ante todo, un argumento para exaltar a quienes entregaron su vida en cumplimiento del deber y también para enaltecer a las miles y miles de víctimas que a lo largo de los años han esperado en silencio justicia, verdad y reparación.

Cómo desconocer que, después de tantos años de confrontación, la sociedad colombiana y sus instituciones han tenido a su lado, comprometido, un aliado muy visible, siempre presente y también muy sacrificado. Me refiero a la prensa colombiana, que ha cumplido un papel fundamental, sobresaliente, a la hora de denunciar y visibilizar el impacto del narcotráfico en la vida de los colombianos, pero particularmente en exponer la corrupción y la violencia asociada a las estructuras mafiosas.

En las décadas de 1980 y 1990, la época más crítica en la que los carteles de Medellín y Cali parecían fuera de control por su gran poder e influencia, verdaderos valientes como don Guillermo Cano, director del diario *El Espectador*, acompañado de decenas de periodistas muy valerosos, nunca claudicaron en la tarea de publicar información sobre las actividades ilegales de los capos de la mafia. Y llegaron al punto de sacrificar sus vidas en cumplimiento de sus convicciones periodísticas.

Gracias a la prensa, no solamente nacional sino también la regional, se hicieron públicos los vínculos del narcotráfico con sectores políticos, empresariales e institucionales. La valentía de los medios de comunicación y de nuestros periodistas ha sido vital porque a través de sus investigaciones y publicaciones han contribuido a crear un clima de opinión para impedir el proceso de infiltración que promueve la subcultura mafiosa. Y, desde luego, como consecuencia del flagelo que hemos soportado, hay que reconocer que algunos periodistas, por fortuna muy pocos, terminaron investigados y condenados por su relación con los jefes narcotraficantes.

Probablemente, una de las mayores contribuciones de los medios de comunicación ha sido exaltar la voz de las víctimas y simultáneamente han sido un factor determinante para evitar que las autoridades sean indiferentes ante la gravedad que plantean el narcotráfico y su violencia asociada.

Justamente, cuando esta publicación llega a consideración de los lectores, los medios y los periodistas en general están enfrentando un nuevo reto y renovados desafíos. A pesar de que de cuando en cuando en el pasado los gobiernos expresaron inconformidades con el tratamiento de la información, hoy asistimos, casi que de manera permanente a cuestionamientos de fondo desde el gobierno nacional contra la llamada gran prensa tradicional.

Buena parte de lo que hoy se discute y que toca directamente a este sinnúmero de batallas que el país ha dado contra el narcotráfico, está relacionado con iniciativas del gobierno del presidente Gustavo Petro, como la paz total, el perdón social y la reconciliación nacional. En mi caso, y de manera general, comparto esos planteamientos, no sin mencionar la gran preocupación que me producen las confusiones o la falta de claridad de cómo se pondrían en marcha. Para decirlo de manera simplista, lo que origina la controversia no es el qué sino el cómo, y una de las más altas sensibilidades tiene que ver justamente con el propósito de siempre de los narcotraficantes de lograr que se elimine la extradición y se abran caminos de impunidad. Lo cierto es que a medida que el gobierno avanza, el mecanismo de la extradición para nada se ha visto interrumpido y por el contrario el número de capturas y envío de nacionales a Estados Unidos mantiene el ritmo del pasado.

Cuando me detengo a pensar en el número de muertos y en la violencia asociada que desataron los carteles para abolir la extradición, o a los procesos de corrupción política que promovió el cartel de Cali para eliminar esa figura, tengo que reconocer la fortaleza y el talante de figuras como el expresidente Virgilio Barco Vargas y de quienes lo acompañaron para no claudicar frente a la exigencia de poderosos mafiosos, como es el caso del doctor Alfonso Gómez Méndez, procurador de la época, quien no solo puso a prueba su inteligencia jurídica sino que arriesgó su propia vida en defensa del mecanismo más temido por los narcotraficantes en su primera etapa: la extradición.

Extradición: siempre en la mira de la mafia

Desde aquella época de finales de 1980 hasta hoy, muchos vientos a favor y en contra de la extradición han sacudido a la opinión colombiana. Esas etapas las podría caracterizar de la siguiente manera: una primera, marcada por la violencia del cartel de Medellín contra la Corte Suprema de Justicia, que terminó, como se ha venido a saber con el paso del tiempo, en el holocausto que el M-19 produjo con la toma del Palacio de Justicia; y luego la Fuerza Pública, con su plan de retoma del Palacio, produjeron una especie de terremoto en el poder judicial del cual no terminamos de recuperarnos.

Una segunda etapa, vinculada a una violencia sistemática y selectiva contra líderes políticos nacionales, que alcanzó su punto más doloroso con el asesinato de Luis Carlos Galán; pero también fue evidente el terrorismo indiscriminado para crear un clima de opinión silencioso que favoreciera los intereses de los narcotraficantes. En la tercera etapa aparece la negociación política, que encontró en la Asamblea Nacional Constituyente el escenario para eliminar la figura de la extradición. Y la cuarta etapa, bajo el gobierno de Ernesto Samper, que la revivió y la mantiene vigente hasta nuestros días.

Desde luego, el final de Escobar fue el resultado de una larga historia que arrancó con mucha fuerza a partir de 1980 y que tuvo como uno de sus momentos más críticos a 1985, cuando el capo dio inicio a una implacable estrategia de intimidación y muerte de los más altos funcionarios del poder judicial, a quienes pretendía someter para que se eliminara definitivamente el mecanismo de extradición de nacionales a Estados Unidos. En ese sentido, y lo comentaré un poco más adelante, las batallas de Escobar tuvieron como hilo conductor su obsesión de no correr riesgos que lo llevaran a ser juzgado y condenado por la justicia estadounidense.

Lo paradójico es que, a diferencia de la aplicación de la extradición en el pasado, donde existía una férrea oposición de los delincuentes apoyada en la famosa frase de Los Extraditables "preferimos una tumba en Colombia a un calabozo en los Estados Unidos", lo que se registra hoy de manera natural es que muchos capturados con fines de extradición promueven la figura de la "extradición exprés". Cuatro décadas después del uso de la extradición como un instrumento central en la lucha contra el narcotráfico, estoy convencido de que se ha dado una curva de aprendizaje, especialmente de los abogados litigantes de los narcotraficantes, que conocen a fondo los procedimientos de la justicia estadounidense y por eso motivan a sus clientes para que, bajo principios de colaboración, obtengan beneficios y paguen sus condenas en cárceles más seguras y en condiciones menos degradantes de lo que significa estar privado de la libertad en una penitenciaría colombiana.

Qué bueno sería que a la luz de las lecciones de éxito y fracaso que arroja el desempeño institucional en procura de superar la violencia asociada al narcotráfico, y en busca de la paz total, el gobierno actual fortaleciera la institucionalidad, avanzara en la lucha contra la impunidad y aplicara o implementara integralmente, entre otras cosas, el acuerdo de paz. De esa manera se podría transformar la dura realidad que nos plantea el hecho de ser un país productor y ofrecerles, a miles y miles de campesinos cultivadores de hoja de coca, alternativas para librarse de la esclavitud a la que han estado sometidos por las guerrillas, el crimen organizado y los carteles transnacionales.

En el fondo, la historia de Pablo Escobar –pero también la de muchos narcotraficantes todopoderosos que se sintieron intocables– señala que por un tiempo efímero el crimen puede conducir a una vida caracterizada por el lujo y el derroche, pero, al final, esos delincuentes solo tienen al frente dos puertas únicas de salida: la muerte o la prisión.

La impronta del mal

A lo largo del recorrido que ha implicado reconstruir la muerte de Pablo Escobar, justo cuando se cumplen treinta años, y lo que ha significado para los gobiernos, las instituciones y los ciudadanos en general, me puse en la tarea de verificar si de alguna manera habíamos dejado atrás las leyendas alrededor de él.

Para cumplir con dicho propósito recurrí a entrevistas con protagonistas muy destacados, pero también con otros, anónimos, que arriesgaron sus vidas en cumplimiento del deber para someter a la justicia al capo. Igualmente, conversé con víctimas del narcoterrorismo e incluso acudí al recurso de traer a tiempo presente entrevistas con narcotraficantes que en su momento capturamos y a los que indagué en busca de una mayor comprensión sobre la personalidad del propio Escobar.

Confieso que en ese trasegar vi jóvenes europeos, la mayor parte de los cuales no superaban los veinticinco años, vistiendo camisetas con el rostro de Pablo Escobar o alusivas a su figura, o con tatuajes en su cuerpo evocando al más peligroso criminal colombiano en su historia. Observar eso me produjo no solamente desconcierto sino también un poco de indignación al pensar que un criminal, que les arrebató la vida a un poco más de cinco mil colombianos inocentes, pueda ser símbolo de cualquier cosa. Esa es ya una gran contradicción.

En el caso de los extranjeros puedo llegar a entenderlos en función de su desconocimiento y la frivolidad que muchas veces los lleva a tratar de distinguirse por cualquier razón. Lo que francamente no puedo entender es lo que constaté en un viaje a Medellín a mediados de 2023, tratando de hacer algo de reportería para este libro. Lo que encontré en esa ciudad podría resumirlo de la siguiente manera: en primer lugar, un número significativo de publicaciones en redes sociales que promueven e invitan al narcotour de Pablo Escobar en Medellín. Es increíble ver el número de visitantes que reciben esas páginas en internet. En segundo lugar, ya de manera práctica, una especie de hitos que se han asegurado de mantener viva la memoria del capo.

La tumba de Escobar sobresale en un lugar hasta cierto punto privilegiado del cementerio Montesacro. A lo largo de estas tres décadas no han faltado nunca las flores, que día tras día renuevan sus fieles seguidores y turistas curiosos que visitan el lugar, como pude comprobarlo personalmente.

Para mi sorpresa, la información que había recibido y según la cual un día cualquiera centenares de turistas nacionales y extranjeros llegan hasta allí, resultó más bien conservadora. El 9 de mayo, entre las nueve de la mañana y las doce del mediodía, llegaron doce buses con cerca de cuarenta pasajeros cada uno, que de manera ordenada y por grupos visitaron el mausoleo y de paso escucharon a varios guías improvisados que, según me dijeron, viven de las propinas.

El relato 'histórico' se prolonga durante quince minutos, pero es muy triste escuchar una versión totalmente apologética del mafioso, con frases como "Pablo Escobar fue un benefactor de los pobres", o "Pablo era el hombre más generoso del mundo", o "el luchador anticorrupción más grande en Colombia", o "el paisa más valiente de la historia". Por más increíble que parezca, llega un momento en que el público que escucha a estos propagadores de una historia falsa, queda convencido de que Pablo Escobar se suicidó en un acto de dignidad para no dejarse capturar de un régimen corrupto.

Pero, más allá del lugar donde está sepultado, los demás hitos claves del narcotour giran en torno de una iglesia, María

Auxiliadora, en Sabaneta, donde la leyenda dice que la mamá de Pablo Escobar oraba por la vida de su hijo y también las mamás de los jóvenes sicarios o asesinos que estaban a su servicio. Debo decir que me impresionó la misa a la que asistí el miércoles 10 de mayo a las nueve de la mañana, porque era un día entre semana y la iglesia estaba atiborrada de feligreses, especialmente de señoras que reflejaban en su rostro la tragedia de la violencia. Les pregunté a dos o tres señoras muy tristes por el motivo que las llevaba a esa misa y respondieron que lo hacían para pedir por sus hijos, que habían sido asesinados.

A esta imagen de la iglesia de María Auxiliadora se suma una especie de gruta sobre una de las vías principales de Medellín, a la que no le cabe una veladora más, que está consagrada a la virgen de la Aguacatala. Las personas se detienen allí momentáneamente para encender velas y hacer sus peticiones. Se dice que era el sitio predilecto de Pablo Escobar para invocar a la virgen cada vez que se embarcaba en la ejecución de una arremetida terrorista o lograba salir con vida de una operación policial. En este sitio se recuerda también uno de los actos de barbarie más comentado en la época, cuando los denominados Pepes mataron el caballo predilecto del jefe del cartel de Medellín y dejaron la cabeza del animal en ese lugar.

Como si no fuera suficiente, el narcotour incluye entre otros sitios de interés el museo de Pablo Escobar, una vieja edificación próxima a uno de los barrios residenciales de Medellín, donde Nicolás Escobar Urquijo, hijo de Roberto Escobar y sobrino de Pablo, logró reunir numerosos objetos: el mítico automóvil Mercedes Benz blindado 280 S, donde el capo se desplazó en alguna oportunidad y sufrió un atendado del cual salió ileso; restos de un helicóptero que se accidentó en Chocó con Escobar a bordo; las cajas fuertes donde supuestamente se atesoraban los millones de dólares o los lingotes de oro; y, para rematar, una tienda de souvenirs con todo tipo de mercancía alusiva al capo, desde botellas de cerveza marcadas con los logos de Escobar, pasando por libras de café etiquetadas con la cara del capo, o ponchos y sombreros vinculando a Medellín con el cartel.

Por fortuna, muy pocas semanas después de visitar el museo, las autoridades de Medellín procedieron a su desalojo y a la demolición de la casa donde el sobrino de Escobar pretendía avanzar en su proyecto para lucrarse de la visita nutrida de curiosos turistas extranjeros.

El recorrido que promueven las agencias incluye una visita a la comuna 13, que me llevó a revivir épocas en las que ese sector de la ciudad estaba vedado a las autoridades y era un verdadero fortín de las bandas sicariales. Lo que noté de manera positiva es que un sector invisible en el pasado está convertido en un centro de atracción turística; escaleras eléctricas ascienden a esos picachos empinados en los que surgieron barrios de invasión y se han convertido en la ruta predilecta de turistas nacionales y extranjeros que a lado y lado de esos caminos peatonales encuentran objetos alusivos a la historia muy violenta de Medellín. Pero también a un presente donde el arte popular materializado en grafitis y murales callejeros conmueve a sus visitantes.

La imagen alrededor de Pablo Escobar en esta zona ha empezado a desvanecerse para abrir paso a un sector de la ciudad que se ha reconstruido sobre las cenizas del narcoterrorismo y que esconde todavía el sufrimiento de miles de víctimas de esa violencia.

¿Hasta cuándo habrá personas empeñadas en mantener viva una falsa memoria de Escobar? No lo sabemos. Lo cierto, como suele suceder con los grandes criminales de la historia, es que para bien o para mal su imagen permanecerá presente entre nosotros.